GROSSARLTAL
DAS TAL DER ALMEN

Die Seele nährt sich von dem,
an dem sie sich erfreut.

Augustinus

Peter Rohrmoser

GROSSARLTAL
DAS TAL DER ALMEN

© Eigenverlag

Gewidmet meiner Familie, die während der Arbeiten an diesem Buch
oftmals auf meine Anwesenheit verzichten musste.

Bedanken möchte ich mich auch bei meinen Freunden und Mitautoren, die mir
immer wieder helfend und beratend zur Seite standen.

Peter Rohrmoser:
Großarltal – Das Tal der Almen

mit Textbeiträgen von
Alois Dürlinger, Wunibald Lexer, Siegfried Pabinger, Peter Rohrmoser und Michael Viehhauser

ISBN 3-00-006967-4

Die Aufnahmen in diesem Buch stammen von Peter Rohrmoser und wurden mit der
Kleinbildkamera Leica R 7 und den Objektiven von 19 bis 560 mm bzw. mit der
Mittelformatkamera Mamiya M 7 und dem Einsatz der Brennweiten 43, 80 und 150 mm fotografiert,
außer auf den Seiten 48 – Gerhard Praschl, Seite 77 – Siegfried Pabinger.

Bildauswahl: Peter und Christine Rohrmoser
Lithographie: Litho Studio Slowiok GmbH, Saalfelden
Satz und Druck: Salzburger Druckerei, Salzburg
Bindung: Buchbinderei Almesberger, St. Georgen im Attergau
Layout: Peter Rohrmoser und Peter Hemetsberger

1. Auflage 2000
© 2000 Edition und Verlag Peter Rohrmoser
A-5611 Großarl, Unterberg 86, Telefon und Fax: 06414/478 bzw. 0664/7877952
E-mail: rohrmoser.peter@utanet.at

Alle Rechte vorbehalten. Kein Teil dieser Veröffentlichung darf ohne die vorherige schriftliche Genehmigung
des Herausgebers in irgendeiner Form, sei es elektronisch, mechanisch oder durch
Fotografie oder Kopie vervielfältigt, abgespeichert oder übertragen werden.
Gedruckt auf chlorfrei gebleichtem Papier.

Bild vorhergehende Seite: Im milden Licht der Abendsonne strebt eine Gruppe von Wanderern der Saukaralm zu.

INHALT

Peter Rohrmoser
Vorwort 6

Alois Dürlinger
Kirchenfeste und Brauchtum im Tal 22

Peter Rohrmoser
Das Tal der Almen 28

Gerhard Praschl
„Geh Naz, erzähl . . ." 48

Michael Viehhauser
Da „Schuasta-Michi"-Gedächtnismarsch 62

Siegfried Pabinger
Auf den Spuren Erzherzog Johanns 76

Wunibald Lexer
Unterwegs in der neuen Heimat 118

Vorwort

von Peter Rohrmoser

Im schwachen Schein der Stirnlampe folge ich in Begleitung meines Bruders den nur mehr schwach erkennbaren Aufstiegsspuren aus den Vortagen in Richtung Filzmooshörndl – einem der schönsten Schiberge im Großarltal. Trotz der tiefen Temperaturen treibt uns die Anstrengung den Schweiß auf die Stirn, und wir sind froh, als wir die flachen Hänge oberhalb des Harsteins erreichen. Fasziniert beobachten wir, wie die schmale Sichel des zunehmenden Mondes hinter dem Draugstein aufgeht. Ich kann mich jedoch nicht dazu überwinden, den Rhythmus des Aufsteigens zu unterbrechen, um das Schauspiel zu fotografieren. Auf dem Gipfel angekommen, ziehen wir uns schnell um, aber trotz der trockenen Sachen am Leib spüren wir bald die Kälte des ruppigen Morgenwindes auf der Haut. Selbst der dampfende Tee aus der Thermosflasche vermag uns nicht richtig durchzuwärmen. Arme schwingend und auf der Stelle hüpfend, versuchen wir das Blut im Umlauf zu halten. Im Osten, über dem Dachsteinmassiv, steht eine Wolkenbank knapp über dem Horizont, und ich bezweifle schon, ob wir heute überhaupt die Sonne zu Gesicht bekommen werden. Plötzlich bringt ein erster Schimmer die untersten Säume der Wolken zum Leuchten. In den nächsten Minuten entwickelt sich ein nahezu unglaubliches Farbenspiel vor unseren Augen. Der Himmel über dem Faulkogel und Draugstein scheint in lodernden Flammen zu stehen. Mit klammen Fingern stehen wir hinter unseren, auf Stativen aufgebauten Kameras, die in rascher Folge klicken, und freuen uns wie kleine Kinder über dieses Geschenk der Natur, die uns dieses außergewöhnliche Schauspiel miterleben lässt. Glücklich kehren wir nach einem Zwischenaufstieg zum Loosbichl, über herrliche Pulverschneehänge schwingend, ins Tal zurück.

In den letzten Jahren war ich sehr viel im Tal unterwegs. Zu allen Tages- und Jahreszeiten fand ich meine Lieblingsplätze, an denen ich wahre Sternstunden erlebte. Oftmals alleine auf entlegenen einsamen Gipfeln, oder in Begleitung meiner Familie oder Freunde. Im Großarltal hat sich in den letzten Jahrzehnten einiges verändert. Bis vor ca. 40 Jahren waren es in erster Linie die bäuerlichen Betriebe, welche die Bevölkerung im Tal ernährten. Mittlerweile gibt es einige Handwerksbetriebe, die weit über die Grenzen des Tales hinaus für ihre hervorragenden Arbeiten bekannt sind. Die wichtigste Einnahmequelle ist aber unbestritten der Tourismus geworden, der sich in den letzten Jahrzehnten sehr gut entwickelt hat. Das hängt sicherlich eng mit unseren noch intakten Kultur- und Naturlandschaften zusammen. Bemühen wir uns darum – Einheimische wie Gäste – unseren Beitrag dazu zu leisten, dass die Großartigkeit unserer Landschaften auch kommenden Generationen erhalten bleibt.

Sonnenaufgang auf dem Spielkogel im Ellmautal.

Der Himmel über Faulkogel und Draugstein scheint in Flammen zu stehen. ▷

Mit einem langen Teleobjektiv kann ich eine frühmorgendliche Sturmszene über dem Faulkogel und Mosermandl in ihrer ganzen Dramatik festhalten.

Vom Haßeck schweift der Blick über die von Herbstnebeln bedeckten Täler zum Tennengebirge, Gosaukamm und Dachstein.

Der Panoramablick vom Kreuzeck zur Glingspitze und Hochalmspitze – auch Tauernkönigin genannt – fasziniert immer wieder aufs Neue.

In einem winzigen Bergsee unterhalb des Zwölferkogels spiegelt sich der mächtige Eispanzer des Ankogelgletschers.

Die Gipfelerhebungen des Dachstein-Dreigestirns und der Bischofsmütze zeichnen ihre markanten Konturen in den Morgenhimmel über dem Ellmautal.

Es lohnt sich, die Fahrt ins Großarltal an der Gläsenbergkapelle zu unterbrechen, um den Tiefblick in die Liechtensteinklamm zu genießen. Die „Alte Wacht" an der Großarler Landesstraße – im Jahre 1566 von Erzbischof Johann Jakob errichtet – zeugt heute noch von den Zeiten des Kupferbergbaues, in denen der Weg durch das Tal wirtschaftlich so bedeutend war, dass man hier eine Maut einheben konnte. Durch den Bau einer Bogenbrücke konnte das gefährliche Straßenstück unterhalb der senkrechten Felswände entschärft werden.

Die Sonne betont die leuchtenden Farben des herbstlichen Laubes an der Großarler Ache, nahe der Liechtensteinklamm.

Bereits 1875 begannen einige Pongauer Alpenvereinsmitglieder unter schwierigsten Bedingungen damit, die Arler Klamm – wie sie damals noch genannt wurde – durch die Anlage von Steigen der Öffentlichkeit zugänglich zu machen. Die Finanzierung dieses Unternehmens gestaltete sich jedoch sehr schwierig. Durch die großartige Spende von 600 Gulden leistete Fürst Johann II. von und zu Liechtenstein einen entscheidenden Beitrag für die Erschließung, womit die Klamm auch zu ihrem heutigen Namen kam.

Die Entstehung der wildromantischen Liechtensteinklamm ist in erster Linie dem steten Schleifen der Großarler Ache zu verdanken. Senkrechte und überhängende Felswände sowie viele schöne Felsauswaschungen entlang der Schlucht machen die Liechtensteinklamm zu einem der größten Naturwunder in den Ostalpen.

Kirchenfeste und Brauchtum im Tal

von Alois Dürlinger

Unter diesem Blickwinkel handelt es sich zunächst um zwei verschiedene Dinge, jedoch mit einem starken Berührungspunkt.

Wir Menschen brauchen beides. Was braucht der Mensch wirklich? Wenn es drum und drauf ankommt, ganz wenig um zu überleben und ein wenig mehr um gut zu leben. Wir sind gegenwärtig Vielverbraucher und müssen entdecken, dass die Güte unseres Lebens und die Erfüllung mit dem hohen Maß an Verbrauch nicht maßgleich mitgeht. Brauchtum wird sinnvollerweise wohl gut Brauchbares meinen, um ein Leben wertvoll und gut gelingen zu lassen. Spätestens hier muss von einer weiteren Zutat geredet werden, die der Mensch zum Leben braucht: Das Fest. Es ist der deutlichste irdische Hinweis auf die große, ja jenseitige und ewige Bestimmung des menschlichen Lebens. Anders gesagt: In dem, was Fest wirklich meint, leuchtet ein Stück Himmel auf diese Erde herein, eine Spur Gottes eben. Die Liturgie, das heilige Spiel der Kirche, kennt einen klaren Festeskreis über das Jahr verteilt. Allein davon könnte eine übertriebene Festes- oder besser Veranstaltungsunkultur in vielen Bereichen etwas lernen. Wir brauchen, um geordnet leben zu können, einen überschaubaren Ablauf der Dinge, damit unsere Seele, unser Gemüt, eben der ganze Mensch mit Fleisch und Geist, mithalten kann.

Die am Palmsonntag geweihten Weidenzweige werden in die Felder und Gärten gesteckt. Sie sollen vor Hagel und Unwetter schützen.

Genau hier erscheint Kritik am gegenwärtigen Zeitgeist notwendig. Wir kennen das Phänomen bei Ureinwohnern verschiedener Länder, die an den von den Goldgräbern eingeschleppten Viren zugrunde gehen. Der Vergleich hinkt, weil wir bei weitem nicht als Ureinwohner anzusehen sind, doch leben wir ähnlich den Wüstenbewohnern oder den Fischern in extremen Küstengebieten als Bewohner einer rauen Gebirgslandschaft von Natur aus in einer ausgesetzten Situation. Das entscheidende Merkmal unseres Menschenschlages ist, dass wir über eine Vielzahl von Generationen an eine geringe Zahl von Bildern gewöhnt waren. Diese Tatsache prägt uns meines Erachtens bis hinein in unsere genetische, vor allem aber psychische Struktur. Die zweite Hälfte des vergangenen Jahrhunderts hat mit dem Fernsehen diese Situation schlagartig verändert und zwar mit unabsehbaren Folgen, bis hin zur Umgestaltung eines ganzen Menschenschlages. Wir vertragen ein Übermaß an rasch wechselnden Bildern nicht und nehmen Schaden. Es braucht zunächst Einsicht und dann Übung im Schauen weniger Bilder. Jene Mahnung stimmt sicher, die heißt: „Wir sehen zu viel und schauen zu wenig." Ein großer Heiliger des 16. Jahrhunderts, Ignatius von Loyola, hat inmitten der entdeckerischen und religiösen Aufbrüche seiner Zeit eine ähnliche Dynamik bereits beobachtet und mahnend beschrieben, wenn er sagt: „Nicht das Vielwissen sättigt die Seele, sondern das Verkosten der wenigen Dinge von innen her." Das Grundwasser aller Religionen birgt diese heiligen und ewig gültigen Gesetze. Doch genau die bedrückende Hast unserer Tage ist es, die die Lebenswurzeln kurz hält. Der erlebte Mangel an tragendem Lebenssinn wird vielfach durch ein noch Mehr an Leistung wettzumachen versucht, bis zum Tag der bitteren Einsicht, dass ich Kontoauszüge und teuren Luxus in diesem Leben nicht lieben und in jenes Leben nicht mitnehmen kann. Solcherart entwurzelte Menschen neigen zudem zur Menschenfurcht mit der ewig irrigen Fragestellung: Was könnten andere über mich reden, von mir denken oder mir antun. Zurück zum Ausgangspunkt der Überlegungen, zum bewährten und stabilen Rahmen von Fest und Brauchtum. Die Bilder der kirchlichen Festesanlässe sprechen für sich: Bald laut und alles aufbietend wie zu den hohen Prozessionsfesten mit Einbeziehung aller Vereine und der ganzen Pfarrbevölkerung, bald leise, einem uralten Gelöbnis folgend wie beim Ölberg- und Leiden-Christi-Singen, immer geht es um die Verdeutlichung des ewigen Geheimnisses: Gott schreibt seine Geschichte des Heiles mit seiner Welt und uns Geschöpfen weiter. Dazwischen gibt es Jubelanlässe bei Gedenktagen an die Gründung von Vereinen, und was zuerst als ganz ziviler Anlass erscheint, ist wiederum begleitet vom dankbaren Aufblick zu dem, von dem alles Gute ausgeht.

Zwischendurch braucht es ein heiter ausgelassenes Treiben, das alles, was unser Leben mitunter auch schwer und mühselig werden lässt, für eine Weile vergessen macht. Brauchtum, Fest und Feier – wir brauchen sie zum Leben als Verweis auf das ganze andere und als Kontrapunkt zu Materiellem und Profit. Genau deshalb beschleicht den wachen Geist eine gewisse Peinlichkeit, wenn von Unverständigen heute beides so oft vermischt wird.

Der Beschauer der Bilder dieses Buches wird entdecken, wie gut der Blick auf Vertrautes tut, weil er Heimat gibt im Denken und Fühlen. Im besten Fall macht uns genau dieses Sichbesinnen offen und neugierig für Fremdes in anderen Kulturen. Die Frucht eines von Festen, Brauchtum und einem befreienden Glauben durchwobenen Lebens ist immer Toleranz und Respekt im Blick auf das andere und vor dem und den Fremden.

Das erste Kirchengebäude im Tal entstand um das Jahr 1400. Der heutige spätbarocke Bau, der sich auf einem sanften Hügel über dem Ort Großarl erhebt, wurde 1768/69 errichtet und ist den Heiligen Ulrich und Martin geweiht.

Zu Allerheiligen treffen sich die Menschen des Großarltales an den Gräbern ihrer verstorbenen Angehörigen.

Unter großer Anteilnahme der Talbevölkerung und einer Reihe auswärtiger Vereine wurde in Großarl das 150-Jahr-Jubiläum der Trachtenmusikkapelle Großarl gefeiert.

Das Erntedankfest wird in Hüttschlag jedes Jahr Ende September oder Anfang Oktober unter Anteilnahme der gesamten Bevölkerung gefeiert.

◁ Die Hüttschlager Pfarrkirche wurde während der Herrschaft des Salzburger Fürsterzbischofs Max Gandolph von Khuenburg errichtet und ist dem heiligen Joseph geweiht. Das Altarbild stammt aus dem Jahr 1790 und wurde von Michael Streicher aus Salzburg gemalt.

Das Tal der Almen

von Peter Rohrmoser

Das Großarltal, das „Tal der Almen" wie es auch genannt wird, trägt diesen Titel sicherlich zu Recht, denn nirgendwo sonst im Lande gibt es von Anfang Juni bis Ende September die stolze Zahl von nahezu vierzig bewirtschafteten Almhütten, die natürlich auch dem Wanderer und Bergsteiger willkommene Rastpunkte sind. Die Almwirtschaft hatte in diesem vom Tourismus lebenden Tal seit jeher einen enorm hohen Stellenwert. Galten die Hochalmen früher fast ausschließlich als „Sommerquartier" für die Tiere, um auf den Feldern im Tal die Vorräte für die langen und meist harten Winter zu sammeln, so haben die Bauern mittlerweile eine gute Möglichkeit, die kostbaren und frischen Produkte aus der Almwirtschaft direkt vor Ort zu vermarkten. Doch so romantisch, wie sich so mancher Tourist das Leben auf der Alm vorstellt, wenn er vielleicht in einer stillen Abendstunde gemeinsam mit der Sennerin am knisternden Herdfeuer in der Hütte sitzt, ist es nicht immer. Die Arbeit, die während eines Almtages zu verrichten ist, ist sehr hart, und der Arbeitstag beginnt in der Regel um 4 Uhr morgens und endet spät am Abend. Trotzdem freuen sich die meisten Senner und Sennerinnen, wenn nach langem Winter endlich der Sommer ins Tal zieht und sie wieder mit dem Vieh auf die Alm gehen können.

Die Landschaften des Großarltales mit seinen Seitentälern sind sehr vielfältig. Während im Norden des Tales der Tennkogel mit seinen jähen Abstürzen in die Liechtensteinklamm die Szenerie beherrscht, weitet sich das Tal im Bereich der „Neuen Wacht". Ein paar Kilometer weiter in Richtung Süden kommt der mächtige Kalkstock der Höllwand und des Sandkogels ins Bild. Sie sind in ihrer Schroffheit neben dem Gipfelaufbau des Schuhflickers und des Draugsteines im Ellmautal aber eher Ausnahmen.

Die Abendsonne umspielt die Gipfel der Laderdinger Gamskarspitze und des Frauenkogels.

Die Bergwelt des Großarltales ist überwiegend von sehr lieblichem Aussehen, mit sanft ansteigenden grünen Hängen, die in unschwierig zu besteigenden Gipfeln münden und damit das ideale Wandergebiet bieten.

Urlandschaft im wahrsten Sinne des Wortes ist das hinterste Großarltal. Der Weg ins Schödertal und weiter zur Arlscharte, dem Übergang ins südliche Maltatal, ist ein ganz besonderer Genuss. Entlang des Schöderbaches, der neben dem Schmelzwasser des Gstösskeeses am Keeskogel der wichtigste Zubringer der Großarler Ache ist, wandert man sanft ansteigend hinauf zum Schödersee. Dies ist ein periodischer See, den man gefüllt nur zur Zeit der Schneeschmelze oder nach heftigen Gewittern erlebt. Über zwei weitere Geländestufen, in die ebenfalls herrliche Bergseen eingelagert sind, kommt man zur 2.260 m hoch gelegenen Arlscharte, von der man einen weiten Rundblick auf die Dreitausender der Ankogelgruppe genießt.

In den Sommermonaten weiden große Schafherden an den felsdurchsetzten Hängen des Keeskogels.

Trotz des zunehmenden Tourismus ist das Großarltal eine Region geblieben, in der mit viel Fleiß eine ganze Reihe von bäuerlichen Betrieben geführt wird. Die Bauern leisten damit einen wichtigen Beitrag zur Erhaltung unserer Kulturlandschaften.

Dank einer extensiven Landwirtschaft, die einen vorsichtigen Umgang mit diversen Düngern gebietet, kann im Großarltal neben den Gräsern auch noch eine Reihe verschiedener Blumen in den Wiesen gedeihen.

Die Bewirtschaftung der zum Teil sehr steilen Bergwiesen im Großarltal gestaltet sich recht mühsam. Maschinen können nur bedingt eingesetzt werden, sodass noch viel mit der Hand gearbeitet werden muss. Die Heustadel – typische Elemente in ländlichen Gebieten – werden aufgrund der neuerdings eingesetzten Siloballen leider in absehbarer Zeit aus dem Landschaftsbild verschwinden.

Im Streiflicht der Morgensonne leuchten die satten Farben des Herbstes.

Von der Bichlalm hat man einen herrlichen Blick zum Keeskogel und der Ankogelgruppe, dem Gamskar- und Frauenkogel sowie Schuhflicker und Höllwand.

Die Abendsonne taucht die Landschaft auf dem Remsteinkopf in warmes Licht.

Am Abend scheint sich noch ein Gewitter über der Ankogelgruppe zusammenzubrauen.

Vom „Lahngangköpfl" oder „Haseckkopf" über der Kreealm – einem selten besuchten Gipfel – hat man einen schönen Ausblick auf das Großarltal.

Die vielfältige Blumenpracht, die im Jahreslauf die hochgelegenen Bergwiesen ziert, erfreut mit ihrem Anblick den aufmerksamen Wanderer.

Das Gebiet um den Schuhflicker bietet herrliche Wandermöglichkeiten, die auch für Kinder und Ungeübte geeignet sind. Viele verschiedene Blumen säumen die Kämme hinaus zum Haßeck und den Paarseen.

In der Morgensonne leuchten die Blüten der Alpenrose aus dem satten Grün, während sich die Felsstrukturen des Hochkönigstocks bereits hinter einem feinen Dunstschleier auflösen.

Nach raschem Aufstieg auf den Hundeck über Hüttschlag komme ich gerade recht, um das Schauspiel des Sonnenaufganges zwischen Draugstein und Faulkogel zu erleben.

Die Blumenwelt des Großarltales weist durch die Vielfalt des geologischen Untergrundes unzählige verschiedene Arten auf, die zwischen Mai und September aufglühen und vergehen.

Latschenwurzel mit Alpenrose.

Zahlreiche Insektenarten beleben die Umwelt. Man sollte sich einmal die Zeit nehmen und das rege Treiben in den Wiesen beobachten.

Viele Bläulingsarten schwirren durch die Lüfte und nähren sich vom Nektar verschiedener Blüten auf den Bergwiesen.

Im Juni und Juli ist die Alpenrosenblüte in den Karen um den Tappenkarsee voll im Gange. Viele Wanderer sind unterwegs, um sich an dieser Pracht zu erfreuen.

Mit etwas Geduld kann man – wenn man sich ruhig verhält – die putzigen „Manggei" bei ihrem ausgelassenen Treiben im Tappenkar beobachten.

„Geh Naz, erzähl ..."

von Gerhard Praschl

„Geh Naz, erzähl, wia war denn des?" Auf meine kurze telefonische Anfrage, ob er einmal Zeit hätte, uns ein paar alte Geschichten zu erzählen, bekam ich „kemmts glei, gfreit mi", zu hören. Wer Ignaz Gschwandl, den „Hinterfeld Naz", kennt, der weiß, dass er ein großartiger Erzähler ist, der viel von der „alten Zeit" weiß, und dass es ein besonderes Erlebnis ist, wenn man die Gelegenheit hat, ihm zuhören zu können. Es ist bereits dunkel und in Hinterfeld liegt der erste Schnee, als wir uns auf dem schmalen Wegerl durch den Vorgarten zur Haustür tasten.

Das Hinterfeld-Wohnhaus steht bereits seit 1718 und ist somit eines der ältesten Bauernhäuser im Tal.

Wast, der Kreebauer, Irmi Lederer und ich betreten das mit vielen Erinnerungsfotos geschmückte Vorhaus und klopfen an die Stubentür. Freundlich werden wir von Klara, der Frau des Naz, empfangen. Der Naz selbst begrüßt uns mit: „Grüaß enk, dös gfreit mi goar, dass 's an so an oitn Esl wia mi a no aufsuachts." Wir haben gerade um den großen Tisch Platz genommen, als Siegi Pabinger dazukommt. „Grüaß di, Klara", er wendet sich dem Herrn des Hauses zu, „grüaß di, Herr Schneebaron." „Siachst", sagt der Wast, „wannst eam hoch gnuag betitlst, dann fallt eam nix mehr Bleds ein."

„Wos derf i eich denn anbiet'n" fragt uns die Klara, „a Bier oda liaba an Wein?" Auch mit einer ausgezeichneten Jause werden wir verwöhnt. Siegi überreicht ein Foto von der Arlscharte, aufgenommen an einem herrlichen Sommertag. Der Naz nimmt einen ersten Schluck vom Selbstgebrannten, den der Wast mitgebracht hat – es soll an diesem Abend nicht der letzte gewesen sein, „Jo, über de Scharn, do bin i nach'm Kriag hoamkemma, von da oan Seitn her, weit is gwen, und ois z' Fuaß." Seine Augen werden feucht, und er erzählt uns, dass er im Krieg bis in den Kaukasus gekommen ist.

Aus Dankbarkeit für seine glückliche Rückkehr aus dieser schrecklichen Zeit stellte er auf der Arlscharte ein Kreuz auf.

Der Naz wurde 1916 geboren. Vier solche „16er-Hirschen", wie er selbst sagt, gibt es noch in Hüttschlag. Aufgezogen wurde er in Hinteraschau. Er hat ein arbeitsreiches Leben hinter sich: Nach dem Krieg war er eine Zeit lang „Altersheimschaffer" in Großarl. Das Altersheim stand damals dort, wo sich heute die Metzgerei Prommegger und der Schneider befinden, erzählt er uns. Damals wohnte er auch in Großarl. Er war „Schafler" (Schafhirte) in Perei (Pertillbauer) und lange Jahre in Kree. Daher nannte man ihn damals den „Perei-Naz". Seine erste Frau stammte von Hinterfeld, und dort ist er dann auch hingezogen.

„Als ‚Kreeschafler' war i oft mit'm Wast unterwegs, mia sand weit umadumkemma und lustig war's oft a. Oamoi san ma obi zu da Sticklerhüttn, und dann haben ma da Kreesennin, da Kath' a Kartn gschriebn. De is freili nochand erscht noch uns ankemma, oba kriagt hot sie's."

Der Naz, einer von vier „16er-Hirschen", mit seiner Frau Klara

Der Naz hat 10 Kinder, 31 Enkel und ein Urenkerl, wie er uns stolz berichtet. Ein Sohn wäre beinahe „Pfora" geworden, „wann der Zölibat nit war", und der Herrgott hat ihm deswegen „scho a paar Mal auf de Pratzl g'haut". Nach dem Tod seiner Frau heiratet der Naz zum zweiten Mal. Seine Klara erzählt: „Oamoi hot mi da Harbach Lois gfrogt: ‚I hob gheart, dass du heiratst.' ‚I woaß's no nit', hob i zur Antwort gebn. ‚Jo, wen heiratst hiaz nocha' war er weiter neugierig, ‚den Perei Naz, oda den Hinterfeld Naz?' ‚Alle zwoa', hob i eam gsogt. ‚Geh', hot a gsogt und is wida nit gscheida wurdn."

„Totngraber bist jo a amoi gwesn, Naz?" Ich erinnere mich, dass er mir das früher schon einmal erzählt hat. „Do wird da jo a allerhand unterkemma sein!?" „Jo, wia i mi do beworb'n hob, bin i gfragt word'n, wann i in Sinn hätt' anz'fangen, und do hob i nochand gsogt", der Naz lacht schelmisch, „jo boid hoit oana stirb'."

„Oamoi", fährt er fort, „hobn ma a Grab aufmochn miassn und do hot mi oana gfrogt, ob i eam nit in Totenkopf vo sein Vota auf de Seitn tat. Eigentlich, sog i, derfat i des jo nit, oba i tua's."

„Wann wirst eam den nochand ausgrabn hab'n", hot er dann gfragt und i hob g'antwort', ‚so um a Zwoa', und mia haben uns an Platz ausgmocht, wo i'n dann hintua."

„Davontragn hat er den Schädl nocha", der Naz lacht laut auf, „i trau ma's fast nit sogn, mit einer Plastiktasch".

Er wirft einen Blick zur Irmi, die sich fleißig Notizen macht und stellt fest: „Do schau her, sie kann jo schreib'n a, dös sah ma ihr gar nit an." „Geh, Naz, du bist jo eh sölba scho Lehra g'wen, bei mir in da Schul', woaßt es no?", kommt prompt die Antwort.

Bei den Hüttschlager Schulkindern war er vor Jahren ein lieber Gast in der Klasse, an den sie sich noch heute gern erinnern.

„Und am Kriagasunntag host sicha a scho allerhand erlebt, Naz", wirft Siegi ein.

Jetzt beginnt die Klara zu erzählen. „Jo oamoi noch an Kriagasonntag geh i aussi und siach den Naz auf da Fuattertruchn lieg'n. Bua, do bin i dakemma, i hob jo gmoant, er hot an Herzinfarkt oda sonst wos. Grad wia i den Doktor hol'n wollt, is er wohl zu eam sölba kemma."

„Do hob i nochand jo gach sogn miass'n, dass i nur an Rausch hob", erzählt der Naz selbst zu Ende und bricht in Gelächter aus. „A anders Mal hab i in Großarl untn z'tuan ghabt, kimmt ma da Pfarrer, da Lois, unter und fragt mi, was i do tua. Und weil i aufs Postauto g'wart hob, hat er mi glei mit'm Auto hoamgführt. Wia ma nochand ausgstiegn sand, hob i eam gfrogt, ob er mia nit de Osterbeicht abnehmert. Wia mir nochand in de Stubn eini sand, sogt er zu ihr", er deutet auf seine Frau, „du verschwindtst hiaz, bis i dir wieder sog, und dann hab'n mia halt a weng g'schnapselt."

Das Gespräch kommt noch einmal auf das alte Bauernhaus, das sich noch in ausgezeichnetem Zustand befindet und innen wie außen einen freundlichen, einladenden Eindruck macht.

„Immer habts im Sommer so an schönen Blumenschmuck beim Haus, Klara, des is sicher a Haufn Arbeit", stellt Siegi fest.

Der Naz lacht wieder: „Jo wann scho die Bäurin nit gar schee is, müassn wenigstens de Bleaml ebbs gleichschaun", scherzt er. Doch die Klara ist ihm nicht böse wegen dieses „Sagers" zu bereits fortgeschrittener Stunde.

Wenn man die beiden Hinterfeldleutln so erlebt, in ihrem gegenseitigen Verständnis, kann man sich schon vorstellen, dass es etwas Schönes sein muss, miteinander alt werden zu dürfen.

Diese und noch viele andere Geschichten haben wir an diesem Abend zu hören bekommen, bis wir uns zu später Stunde verabschieden. Wir danken unseren Gastgebern für die geschenkte Zeit und die nette Bewirtung.

„Pfüat enk, und suachts uns wieder amoi auf." Diese Abschiedsworte nehmen wir uns zu Herzen. In dem Bewusstsein, einen wunderbaren Abend erlebt zu haben, brechen wir schließlich wieder ins Tal auf und versprechen der Klara und dem Naz, dass wir uns demnächst wiedersehen werden.

Das Hinterfeld-Wohnhaus steht bereits seit 1718 und ist somit eines der ältesten Bauernhäuser im Tal.

Der prächtige Blumenschmuck, den man vielerorts im Tal sehen kann, kommt auf den alten Holzhäusern ganz besonders gut zur Geltung.

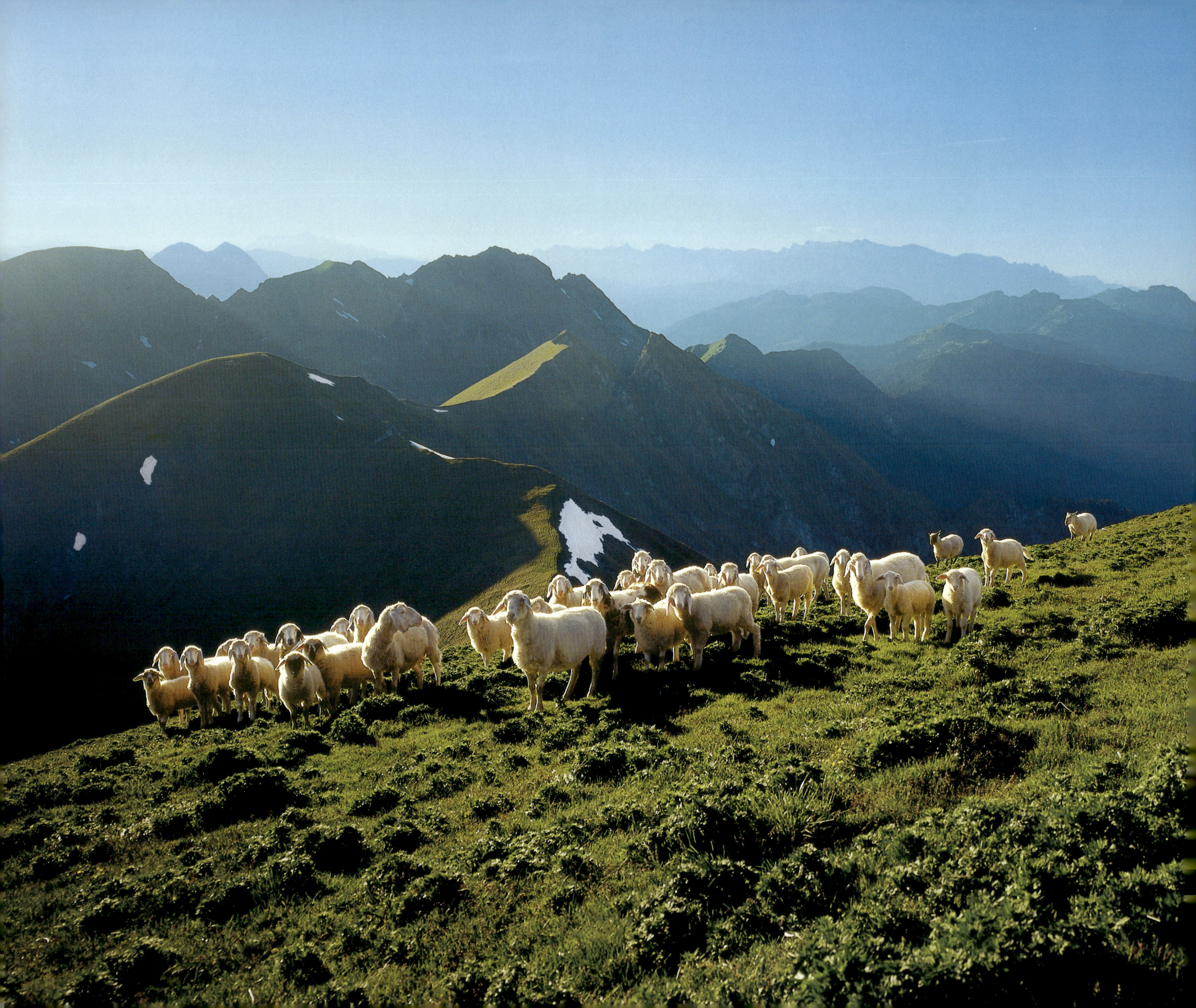

Das Fest der Sommersonnenwende ist immer sehr stimmungsvoll. Im Freundeskreis verbringen wir die Abendstunden am Berg, um die Sonnwendfeuer abzubrennen.

◁ Große Schafherden beweiden den Sommer über die steilen Grashänge am Frauenkogel.

Ganz so romantisch, wie sich der Wanderer das Leben auf der Alm vorstellt, ist es wohl nicht. Der Arbeitstag der Almleute auf der Karseggalm beginnt in der Regel im Morgengrauen und endet spät am Abend.

54

Butter und verschiedene Käsesorten, die hier in mühevoller Arbeit hergestellt werden, haben eine hohe Qualität und munden hervorragend.

Auch während der Sommermonate fällt in den Hochlagen ab und zu Schnee. Dies sollte aber kein Grund sein, sich zu Hause einzuigeln, denn gerade an solchen Tagen erlebt man oftmals herrliche Stimmungen.

Vom Kreuzkogel aus erlebe ich, wie ein einsamer Sonnenstrahl die düstere Wolkendecke durchbricht und das satte Grün der Wiesen im Tal aufleuchten lässt.

Nach einem langen Arbeitstag genießen die Almleute auf der Klausalm im Ellmautal ihren verdienten Feierabend.

Die Abendsonne taucht, bevor sie hinter dem Schuhflicker untergeht, das Ellmautal in rötliches Licht.

Die Spatalm hinter dem Saukarkopf ist eine der wenigen Hütten, die noch ein Schindeldach haben.

Der Sommer auf der Maurachalm ist unfallfrei verlaufen, und so werden die Tiere für den Almabtrieb im September prächtig geschmückt. Bei diesem festlichen Anlass gibt es auch einen „Schnuraus" – eine Spezialität, die im heißen Butterschmalz herausgebacken wird.

Da „Schuasta-Michi"-Gedächtnismarsch

von Michael Viehhauser

Im Juli 1994 wurde von der Freiwilligen Feuerwehr unter Leitung des damaligen OFK Matthias Gruber eine Bergtour mit den Fahrrädern unternommen, ja richtig gelesen – mit den Fahrrädern ging es damals von Hüttschlag durchs Schödertal hinauf zur Arlscharte und von dort hinunter ins Maltatal. Nun zur Vorgeschichte, warum man eine so ungewöhnliche Bergtour unternehmen wollte und vor allem, wer war dieser ‚Schuasta Michi', dem dieser Marsch gewidmet war und warum, um alles in der Welt, wollte man mit Fahrrädern auf dem Rücken eine Bergwanderung unternehmen?

Michael Rohrmoser, wie der ‚Schuasta Michi' mit bürgerlichem Namen hieß, war in den 30er Jahren von Großarl nach Hüttschlag gekommen. Nachdem er einige Jahre in Untermiete im ‚Sackziehhaus' und im alten Gemeindehaus gewohnt hatte, erwarb er in der Ortsmitte von Hüttschlag ein Haus, in dem er auch seine Schusterwerkstätte einrichtete. Nahezu 30 Jahre war Michi auch Ortskommandant der Freiwilligen Feuerwehr in Hüttschlag und wurde durch seine Originalität schon zu Lebzeiten zu einer Legende. Ich selbst kann mich an den Michi nur mehr vage erinnern, war ich damals doch erst im Volksschulalter. Unvergesslich wird mir jedoch bleiben, dass oberhalb seines Hauses ein angebautes WC aus Holz war und es für uns Lausbuben im Winter eine große Herausforderung bedeutete, mit den Schneebällen durch das kleine herzförmige Fensterl zu treffen. Besonders lustig war es natürlich, wenn das stille Örtchen besetzt war.

Der Anlass für die geplante Gedächtnistour war nun einerseits, dass sich der Todestag des ‚Schuasta-Michi' zum fünfundzwanzigsten Mal jährte. Andererseits waren mittlerweile 60 Jahre vergangen, dass der Michi zum ersten Mal die Leder- und Schuhlieferfirma Neuner in Klagenfurt, zu der er Geschäftskontakte unterhielt, besuchte. Jedoch nicht mit dem Postauto und der Tauernbahn, sondern auf seine eigene, originelle Art und Weise, indem er mit seinem schweren Waffenrad von Hüttschlag über die Arlscharte ins Maltatal pilgerte. Allein die Idee, noch dazu die Durchführung eines solchen Unternehmens, kann man sich heute nur mehr schwer vorstellen.

Ich hatte das Glück, bei diesem Gedächtnismarsch dabei zu sein und sollte während dieser Tour noch einige Geschichten über den „Michi" oder „Moasta" – wie er als Schustermeister von vielen respektvoll genannt wurde – erfahren. Aus gegebenem Anlass hatte ich jedoch kein Fahrrad auf den Schultern, sondern hatte mich mit Fotoapparat und Video-

Da „Schuasta-Michi" mit Fahnenpatin Anna Rohrmoser im Kreise seiner Feuerwehrkollegen.

kamera „bewaffnet". Schon am Vortag des 22. Juli 1994 fanden sich an die 25 Teilnehmer vor dem Feuerwehrhaus in Hüttschlag ein. Dies waren Kameraden der Feuerwehr, der Bergrettung oder Personen, die den Michi gut gekannt hatten und sich der verrückten Idee mit Begeisterung angeschlossen hatten.

In den frühen Morgenstunden startete die ungewöhnliche Mannschaft in Hüttschlag See. Ein Blick zum Keeskogel, welcher in morgendliches Rot getaucht war versprach uns, dass es ein schöner Tag werden würde.

Zumindest was das Wetter betraf, denn ob jeder der Teilnehmer den Aufstieg mit dem Rad schaffen würde, war zu diesem Zeitpunkt noch nicht sicher.

Während des Aufstieges zum Schödersee erfuhr ich, dass der Michi damals fast jeden Tag voll bepackt mit Lederrollen im Rucksack und mit einigen Taschen am Fahrrad nach Großarl gefahren ist, wo sich sein „Hauptgeschäft" befunden hat.

Auch erzählt man, dass der „Moasta" sehr belesen war und sein eigentlicher Berufswunsch Pfarrer gewesen sein soll. Sein Vater hatte jedoch darauf bestanden, dass er das Schusterhandwerk erlernen solle.

In der Zwischenzeit waren wir am Schödersee angekommen und die erste Rast war angesagt. Keiner der Teilnehmer zeigte Ermüdungserscheinungen. Das Gespräch kam wieder einmal auf den „Schuasta-Michi" und dass es ihm als langjährigem Feuerwehrkommandanten zu verdanken war, dass bereits in den 60er Jahren eine neue und leistungsfähige Feuerwehrpumpe in den kleinen Ort kam. Der damalige Bürgermeister war zwar von der Wichtigkeit einer Feuerwehrpumpe überzeugt, jedoch waren die Geldmittel in der Gemeinde für eine derartige Anschaffung erschöpft. Einer Vorführung der Pumpe durch einen Vertreter und einen Maschinisten der Firma Rosenbauer wurde jedoch zugestimmt. Der ideale Zeitpunkt dafür erschien dem „Moasta" bei einer Sitzung des Gemeinderates zu sein, und so soll er damals gesagt haben:

„So, meine lieben Gemeindevertreter, dös san die Leut von da Firma Rosenbauer und dös is die neie Feuerwehrpump'n und i sog eich, die Pump'n bleibt in Hüttschloug. Und wenn's die Gemeinde nit kauft, nochand kauf i s' seiba".

Das neue Ausrüstungsstück ist auch in Hüttschlag geblieben und wurde schon kurze Zeit darauf bei einem Brand notwendig gebraucht.

Der Marsch mit den Drahteseln auf dem Rücken führte uns nun über den steilen Kolmgraben, vorbei am Kolmhäusl in Richtung Arlscharte. Während des Aufstiegs erfuhr ich wiederum einige Episoden aus Michis Leben als Schustermeister.

So soll er einmal nach einem Wasserrohrbruch in seiner Werkstätte nicht das Wasser hinausgeschöpft haben, sondern kleine Löcher in den Fußboden gebohrt haben, wodurch die Überschwemmung ebenfalls beseitigt werden konnte. Nur eben mit viel geringerem Aufwand. Weiters, so erzählt man mir, soll er seine Schuhe immer aus den Schachteln genommen haben und so war es beim Verkauf oft schwierig, den zweiten passenden Schuh für die Kundschaft zu finden. Als er von einem Bauer einmal darauf angesprochen wurde, ob es denn nicht gescheiter wäre, die Schuhe in den Kartons zu lassen, soll ihm der Michi geantwortet haben: „I woas nit, wous du houst, du duast jo a dei Kua nit in a Schochtl eichi, wennst is in Moashofn obn vakafn mechst. Der Kunde muss die Ware sehn."

Verheiratet war der Michi nie gewesen. Für einige Zeit jedoch war ein Fräulein bei ihm im Haus gesehen worden, angeblich war sie Kellnerin beim alten „Nil". Da sie der Michi jedoch während seiner „Geschäftsreisen", welche mitunter Tage dauerten, immer im Hause eingesperrt hatte, konnte und sollte diese Verbindung nicht lange halten.

Von der Arlscharte – einem in früheren Zeiten bedeutenden Talübergang – öffnet sich der Blick nach Süden ins Maltatal und den Speicher Sameralm.

Endlich, wir waren auf der Arlscharte (2.260 m) angekommen. Nach einem Gebet für unseren unvergessenen Michi am Gedenkkreuz war eine ausgedehnte Rast angesagt. Während der Jause in dieser grandiosen Bergwelt wurden wieder neue Kräfte getankt.

Nach einem steilen Abstieg von der Arlscharte erreichten wir schließlich den Fahrweg am Stausee. Wie nun die erschöpften, aber glücklichen Teilnehmer mit ihren Rädern auf dem Rücken im Gänsemarsch an einer Gruppe von Urlaubsgästen vorbeikamen, hörte ich einen Ausspruch eines überraschten Touristen: „Dass ein Mensch so verrückt sein kann, das kann ich verstehen. Aber so viele?"

Die Drahtesel wurden wieder „straßenfit" gemacht, doch in der Nähe der Kölnbreinsperre wartete eine weitere Überraschung auf uns. Feuerwehrkamerad Florian Pirchner stand plötzlich in einer alten Uniform auf einem Felsen und bedankte sich als „Schuasta-Michi" bei allen für die Veranstaltung und Mitwirkung an diesem Gedächtnismarsch.

Für alle jene, die keine Fahrräder mitgenommen hatten, stand ein Mannschaftswagen der Feuerwehr Hüttschlag zur Verfügung, und so fuhren wir hinter den sportlichen Radlern durchs Maltatal in Richtung Seeboden.

Auch unser Arzt Dr. Rudolf Greil aus Großarl hatte diese anstrengende Tour mit dem Rad mitgemacht und die gesamte Mannschaft eingeladen, auf dem Grund seines Wochenendhauses die Zelte aufzuschlagen. Für diese Möglichkeit zur Rast und Übernachtung waren wir besonders dankbar.

Viele der Kameraden nutzten die Gelegenheit, nach dem anstrengenden und heißen Tag im Millstätter See einige Runden zu schwimmen. Nach dieser herrlichen Erfrischung fühlte man sich wie neugeboren und begann mit den Vorbereitungen für das abendliche Grillen. Beim gemütlichen Zusammensitzen am Abend kam man natürlich wiederum auf unseren „Michi" zu sprechen. Er hatte beim Essen ja ganz besondere Angewohnheiten. Zum Kochen hatte er vermutlich kein Talent oder vielleicht auch keine Zeit. So trug er sein Essen, vielfach geschenkte Speisen, wie Brot, Käse und Speck, mit sich herum. Sobald sich dann eine Gelegenheit ergab, wurde diese Jause wieder ausgepackt und verspeist. In seiner Werkstatt waren die Lebensmittel oft in derselben Schublade mit den Schuhabsätzen zu finden.

Die gesamte Mannschaft auf der Arlscharte.

Berühmt geworden ist wohl auch sein „Häferl" auf dem Herd, in dem so manches hart gewordene Brot wieder weich gekocht wurde. Dazu soll er oftmals das harte Brot mit dem Schusterhammer zerkleinert haben. Gespannt und aufmerksam saßen wir bis in die späten Abendstunden mit unseren älteren Feuerwehrkameraden um den Tisch und lauschten ihren lustigen Geschichten über den „Moasta". Am nächsten Tag ging's wieder Richtung Heimat und bald hatte uns der Alltag wieder eingeholt, doch diese Tour auf des „Moastas" Spuren werden wir wohl nie vergessen.

Die vielen guterhaltenen Kapellen, Bildstöcke und Gipfelkreuze im Tal zeugen von einer tiefen Volksfrömmigkeit.

Im hinteren Teil des Großarltales entstanden seit dem Anschluss an den Nationalpark Hohe Tauern ▷ im Jahre 1991 einige sehr sehenswerte Einrichtungen.

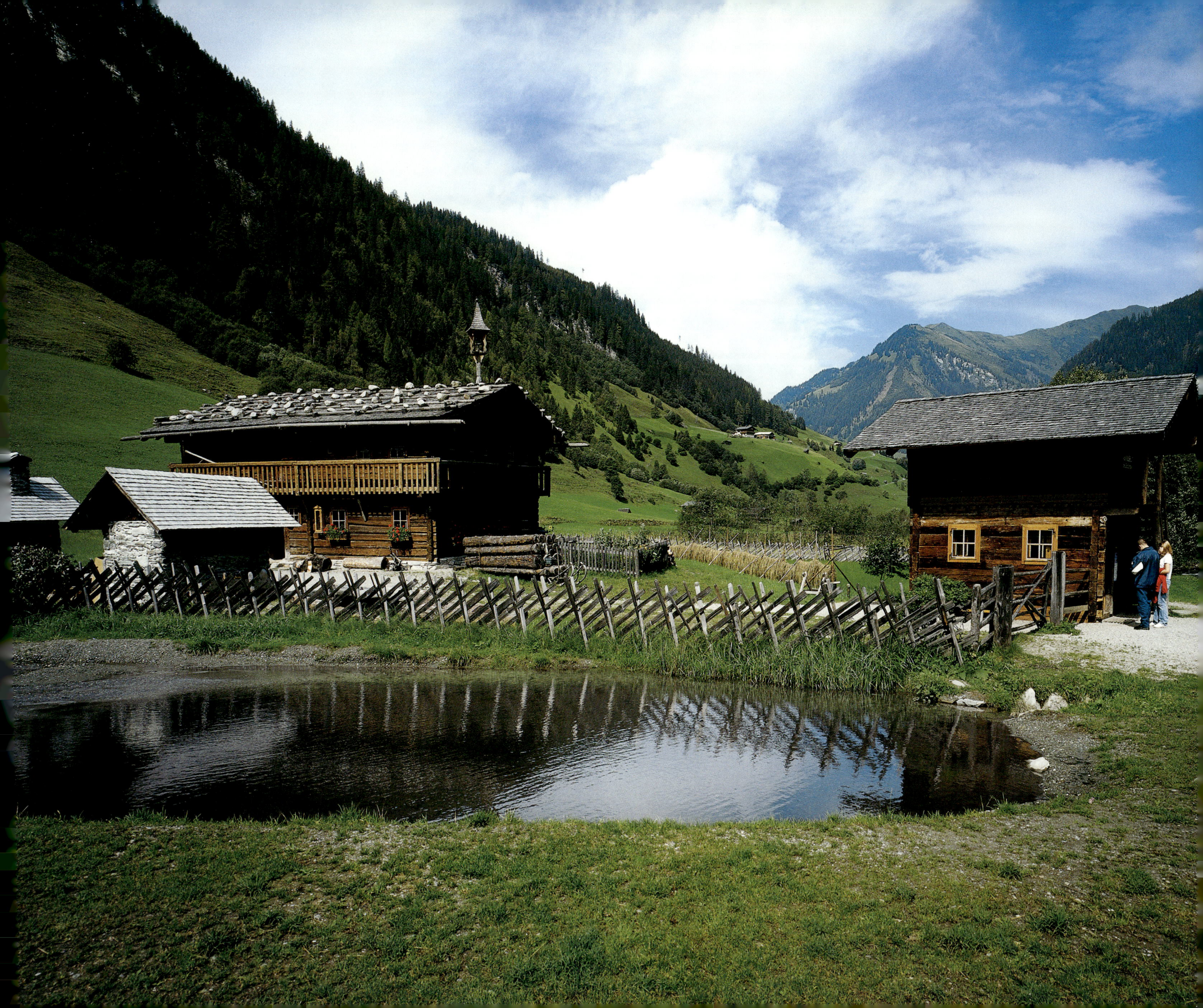

Das glasklare Wasser unserer Bergbäche ist ein kostbares Gut.

Der Schödersee ist ein periodischer See, der nur zur Zeit der Schneeschmelze oder nach ausgiebigen Niederschlägen einen höheren Wasserspiegel aufweist. Einige Monate im Jahr trocknet er aus.

Die Lage des Arlsees an der Arlscharte ist einmalig schön. Über die Wasserfläche hinweg schweift der Blick zum Zwölferkogel.

In der glasklaren Wasserfläche des oberen Schwarzsees spiegelt sich der Gipfel des Frauennock.

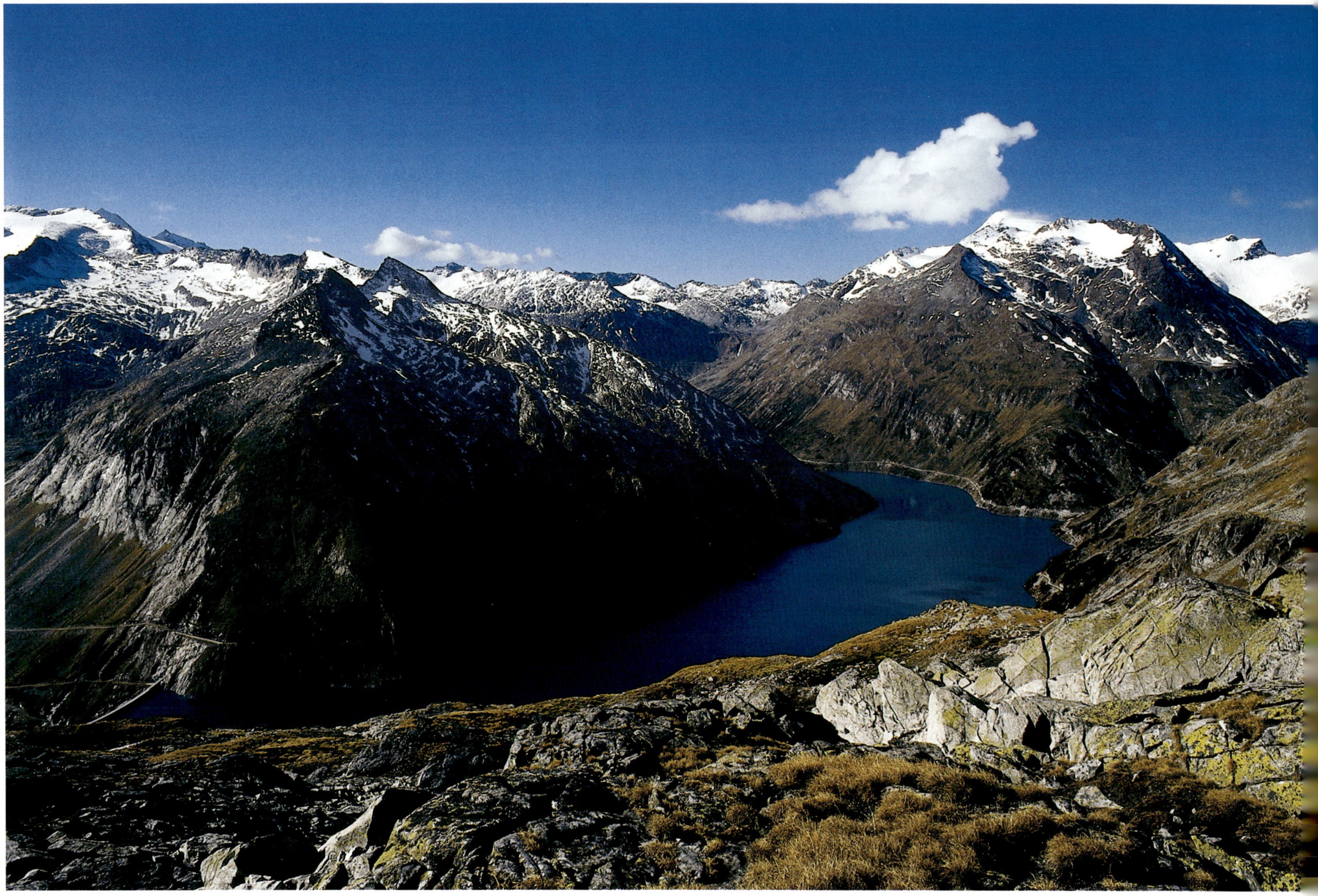

Auf dem Weg von der Arlscharte zum Weinschnabel hat man einen herrlichen Rundblick vom Gletscher der Hochalmspitze und der Ankogelgruppe bis zum schroffen Felsgipfel der Marchkarspitze.

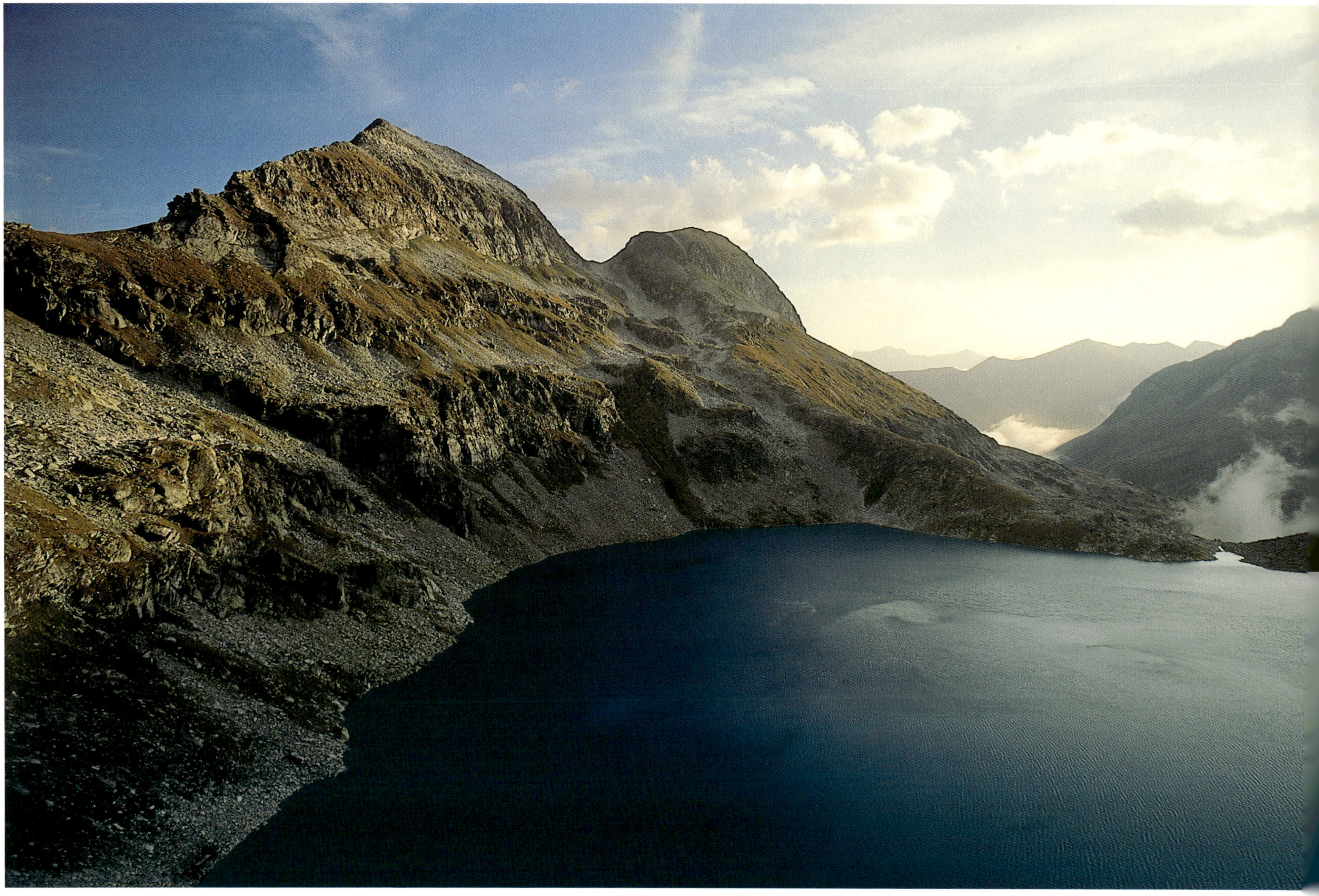

Einen Sonnenaufgang am unteren Schwarzsee kann man aufgrund der großen Abgeschiedenheit nur nach einem ausgedehnten Fußmarsch in alpinem Gelände erleben.

Auf den Spuren Erzherzog Johanns

von Siegfried Pabinger

Gerade in diesem Augenblick erreiche ich das Gipfelplateau des Gamskarkogels, es liegt nur mehr ein kurzes Stück Weges vor mir und sogleich werde ich auf der Bad Gasteiner Hütte Rast machen. Vorher jedoch schreite ich, instinktiv könnte man sagen, zum runden Steintisch direkt neben der Hütte, wo quasi auf einer Platte in einer Rundumsicht alle markanten Erhebungen zu sehen sind. Das Blickfeld öffnet sich bis hin zu den Nördlichen Kalkalpen und führt ins Herz der Hohen Tauern bis hinaus in die sanft anmutenden Bergrücken der Niederen Tauern. Ich freue mich, wieder auf einem meiner Lieblingsberge zu stehen und genieße diesen Augenblick! Für einige Minuten schalte ich ab und lasse die Wanderung sowie die Eindrücke, die ich während des Aufstiegs erleben durfte, vor dem geistigen Auge vorüberziehen . . . Losmarschiert bin ich beim Guldenhäusl, hinein ins wunderschöne Aigenalmtal, das in seiner landschaftlichen Ausformung alle Variationen aufweist. Kurz vor dem Alptörl mache ich Rast, um in Richtung Mandlheimalm hinüberzublicken. Direkt neben dieser sonnenbraunen Hütte, die ostseitig gelegen sich auf einer sanften Schulter des noch breiten Taltroges befindet, steht eine ehrwürdige, sehr alte Rotbuche. Sie ist prägendes Bild in einer harmonischen Naturlandschaft. Oberhalb der ‚Dungmähder' zieht sich dieser Buchen-Fichten-Mischwald weiter, hinein bis in Richtung Paulhütte, wohl beinahe einzigartig im Großarltal (die Buchen erreichen nämlich hier ihr südlichstes Verbreitungsgebiet). Mein Vater hat mir früher einmal erklärt, dass das Aigenalmtal auf Grund seiner abgeschirmten Lage eine so genannte ökologische Nische darstellt und somit für das Großarltal atypische Biotope bzw. Lebensgemeinschaften zulässt. Ökologen sind anderer Auffassung: Es soll sich bei diesen Buchenbeständen um Relikte der ‚einstigen' Forstwirtschaft handeln – war doch die Bringung von Holz aus den Seitentälern in früherer Zeit sehr schwierig und mit viel Arbeit verbunden. Es soll sich nicht rentiert haben? – Hier scheiden sich jedoch die Geister. Meine Gedanken schweifen wieder zurück, eigentlich wollte ich doch etwas trinken, bevor ich weitermarschiere. Meine Wanderung führt mich weiter in Richtung Pucher, die Aigenalmen (Paul- und Mandlhütte) lasse ich bald hinter mir zurück. Es ist schön, in dieser reizvollen frühherbstlichen Landschaft die Natur zu schauen und vor allem die Ruhe zu genießen – der Klang der Viehglocken stört diese herbstliche Stille nicht im Geringsten.

Bevor ich das Pucher-Jagdhüttlein erreiche, muss ich eine steile Gefällsstufe überwinden. Eigentlich fällt mir dieser Abschnitt des Aufstieges gar nicht schwer, denn meine Gedanken schweifen zurück in die Knappenzeit, wo rund um den Bärenkogel (= Laderdinger Gamskarspitz), den steilen Wandabfällen der Schrett-

Die Bad Gasteiner Hütte wurde im Auftrag Seiner kaiserlichen Hoheit, dem Durchlauchtigsten Herrn Erzherzog Johann von Österreich, im Jahre 1829 errichtet!

köpfe sowie dem Kessel unterhalb der Schmalzscharte noch Erz abgebaut worden war. Unvermittelt stehe ich auf einer ebenen, eher kleinen, künstlich angelegten Fläche – ich bin bei den Überresten des Bergwerks Aigenalpe angelangt. Die flach einfallenden Sonnenstrahlen wärmen, denn im Grünerlengürtel neben dem Bächlein hat ein frischer Bergwind geblasen.

Ich setze mich zum Pucherhütterl, welches aus dem Holz der einstigen Bergwerksgebäude gezimmert worden war, man sieht noch die Kerben ehemaliger Verwendung im Gebälk. Mauern tauben Erzgesteins begrenzen die einstige Bergwerksfläche, rote Halden mischen sich in das Braungrün der Grünerlen. Es muss eine großartige Bergwerksanlage gewesen sein – nur mehr der Name ist geblieben, „Pucherer", vom einstigen Pochwerk.

Dunkle Punkte führen meinen Blick hinan ins sagenumwobene Bärenkar, Gämsen äsen in dieser ausgedehnten Blockhalde. Sodann marschiere ich weiter zur Schmalzscharte – ab und zu höre ich den einsamen Ruf von Bergdohlen, die im Aufwind spielen. Auch die gellenden Pfiffe der Murmeltiere lassen mich öfters schauen, ob nicht ein Adler seine Kreise zieht. Ein harmonisches Gefüge prägt das Landschaftsbild im hintersten Aigenalmtal: Moränen, die von den urzeitlichen Gletschervorstößen rühren, große Felsblöcke, schroffe Grate und steil abfallende Wände, die in steilen Grashängen fußen. Nach einem schmalen Pfad inmitten einer schütteren Vegetation ist die Schmalzscharte erreicht – der Wind bläst auf dieser Gratkante recht heftig, ich muss mir etwas überziehen. Während ich weitergehe und bald den Frauenkogel in mein Blickfeld bekomme, bemerke ich erst, welche Fernsicht ich habe. Es muss in der Nacht noch kurz geregnet haben, die Luft ist so rein. Die Aussicht ist grandios, ich kann bereits die Gipfelsilhouette der Hohen Tauern abschauen. Es ist nicht mehr weit bis zu meinem Ziel, ich lasse den Frauenkogel zu meiner Linken zurück und gehe schnurstracks bergwärts auf den Gamskarkogel. Sogleich erreiche ich das Gipfelkreuz in unmittelbarer Nähe der Materialseibahn und . . .

Im Bärenkar soll 1826 der letzte Braunbär des Großarltales erlegt worden sein.

. . . werde plötzlich aus meinen Gedanken gerissen, aus dem Gasteiner Tal hört man das dumpf klingende Rollen eines Zuges und ich stehe vor diesem Steintisch, wahrscheinlich habe ich geträumt. Nein, es war ein Schauen und Träumen zugleich, ich bin durch ein reizvolles, liebliches Tal gewandert und habe diese Bergtour nochmals bewusst erlebt, habe die herrliche Rundumsicht genossen. Obwohl die Sonne scheint, ist mir während des minutenlangen Stehens kalt geworden, ich werde sogleich in die warme Stube der Bad Gasteiner Hütte sausen und mich bei einem heißen Schluck Tee wärmen. In der Hütte ist es gemütlich, ich unterhalte mich mit dem Hüttenwirt über dies und jenes, betrachte die historischen Bilder über den einstigen Hüttenbau und genieße die Gemütlichkeit und Gastfreundschaft.

Bald aber muss ich wieder absteigen, für den Nachmittag ist eine Kaltfront angekündigt – es gibt jetzt die Möglichkeit, andere Abstiege zu wählen, hinunter nach Gastein bzw. nach Großarl über den Frauenkogel auf die Bachalm und ins Toferertal. Ich wähle den Abstieg ins Toferertal und lass diesen wunderschönen Tag bei einer bodenständigen, schmackhaften Jause auf der Harbachalm ausklingen!

Über herbstlich gefärbte Lärchen geht der Blick zu den frisch angezuckerten Gipfeln von Schuhflicker und Höllwand.

Die Natur schmückt sich im Herbst mit intensiven Farben. Auf den Gipfeln von Schareck, Sonnblick und Hocharn liegt frischer Schnee.

Die alten Baumstämme sind stumme Zeugen der Vergangenheit.

Wie ein Riesenkrake streckt der Stamm einer Zirbe seine Wurzeln in das umliegende Erdreich, um ausreichend Wasser aufnehmen zu können.

Am Draugstein ist es Herbst geworden und die Almen sind verwaist.

Wenn man sich ruhig durch die Natur bewegt, hat man selbst während Tageszeiten oftmals das Glück, einem stolzen Rehbock zu begegnen.

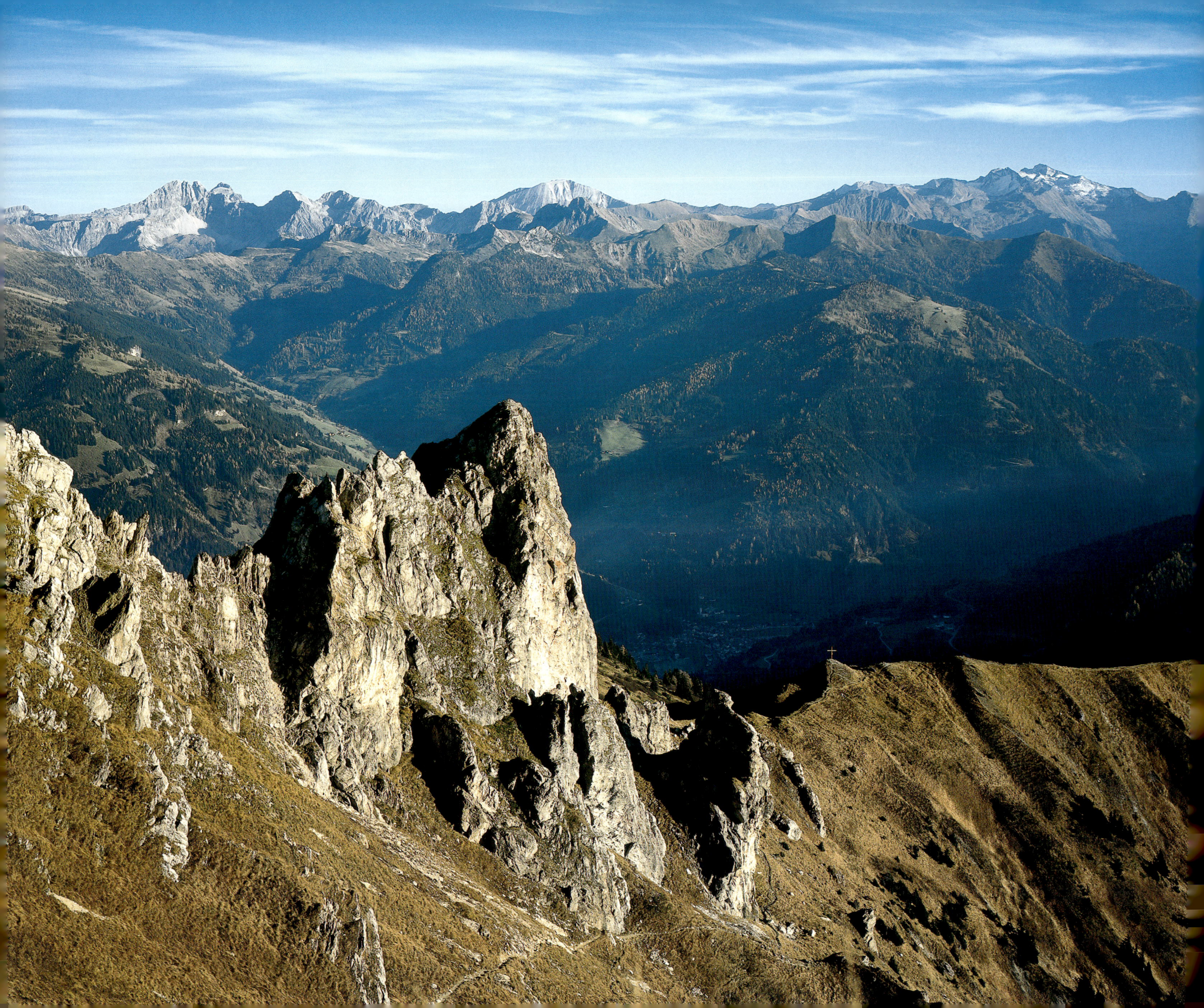

Ein Tagesbeginn auf dem Haßeck ist – ganz besonders im Spätherbst – ein Erlebnis, welches man nicht so schnell vergisst.

◁ *Vom Schuhflicker aus hat man einen schönen Blick auf den Ort Großarl, das Ellmautal und die markanten Gipfelerhebungen von Faulkogel, Weißeck und den Großen Hafner.*

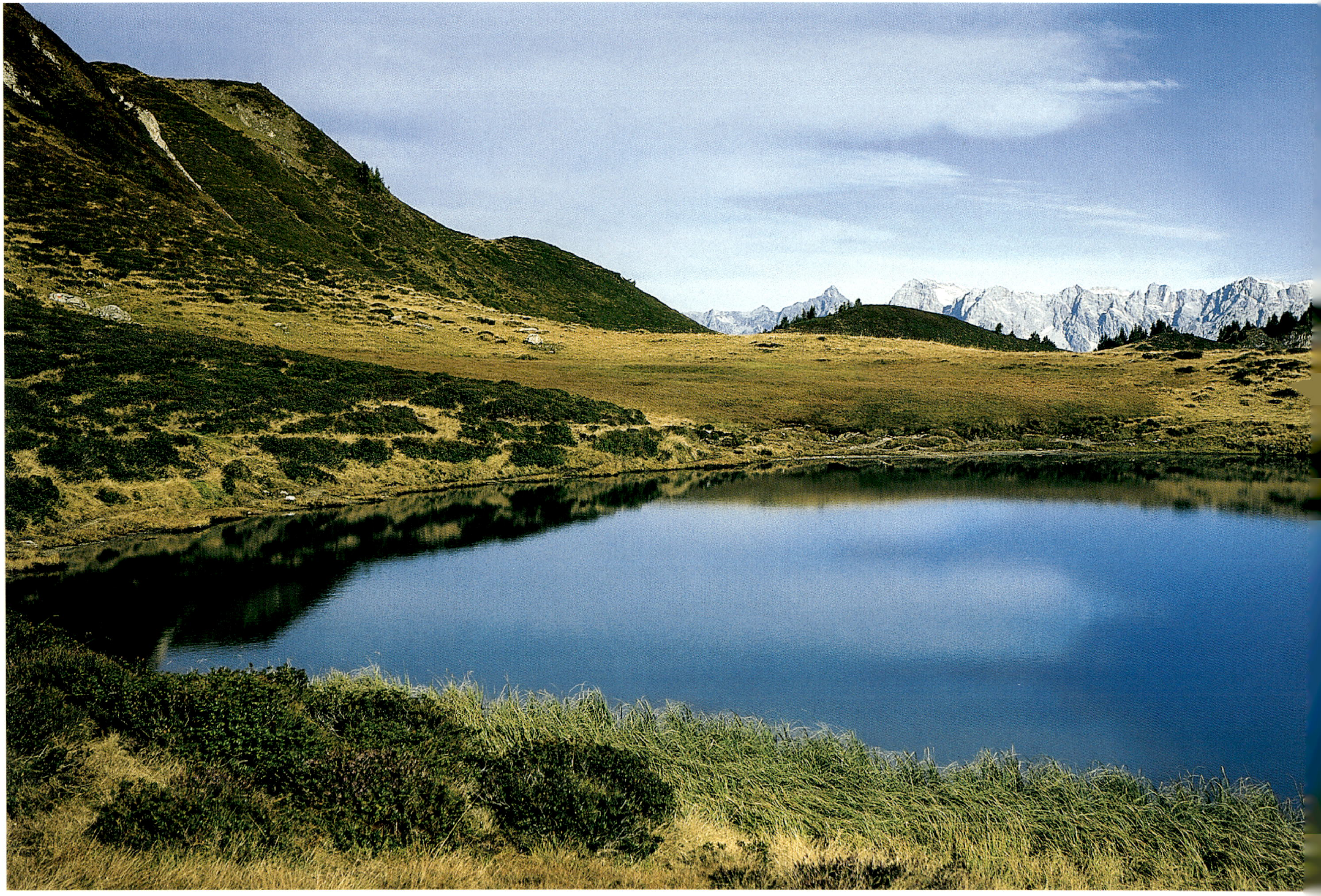

Ein leichter Windhauch kräuselt die Wasseroberfläche des oberen Paarsees und löst das Spiegelbild des Hochkönigs bis zur Unkenntlichkeit auf.

Der Spätherbst mit seinen leuchtenden Farben ist für den Fotografen eine ganz besondere Herausforderung.

Von der Breitenebenalm schweift der Blick über das Tal zum Schuhflicker und der Höllwand.

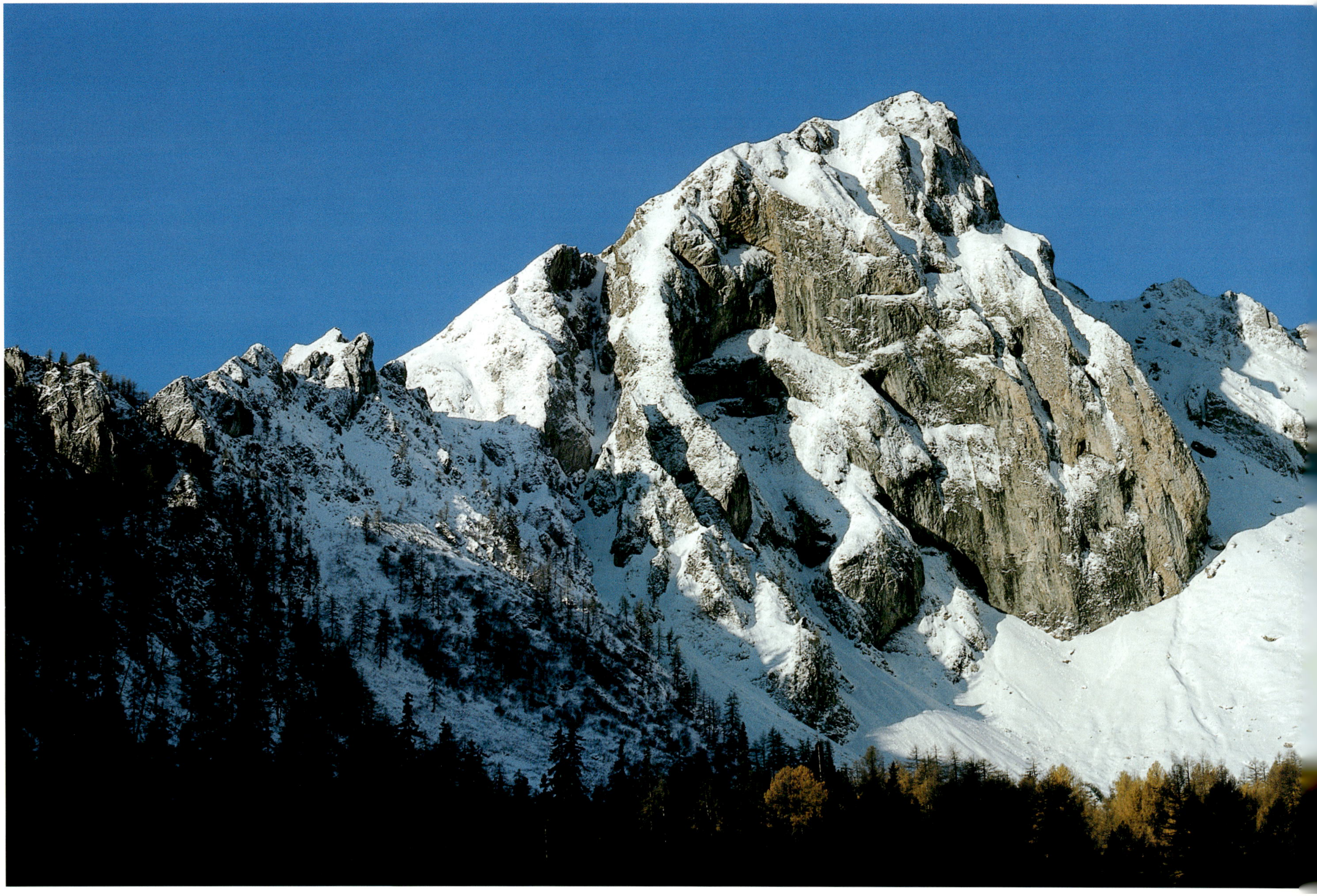

Über den herbstlich gefärbten Lärchen erheben sich die – für das Großarltal untypisch – schroffen Felsgestalten von Höllwand, Sandkogel und Schober.

In Hüttschlag See, wohin man zu Fuß, mit Langlaufschiern oder per Pferdeschlitten gelangen kann, erlebt man zauberhafte Winterstimmungen.

Ehe die Sonne aufgeht, bin ich schon auf dem Gipfel des Naglsteins und freue mich über die herrliche Morgenstimmung. ▷

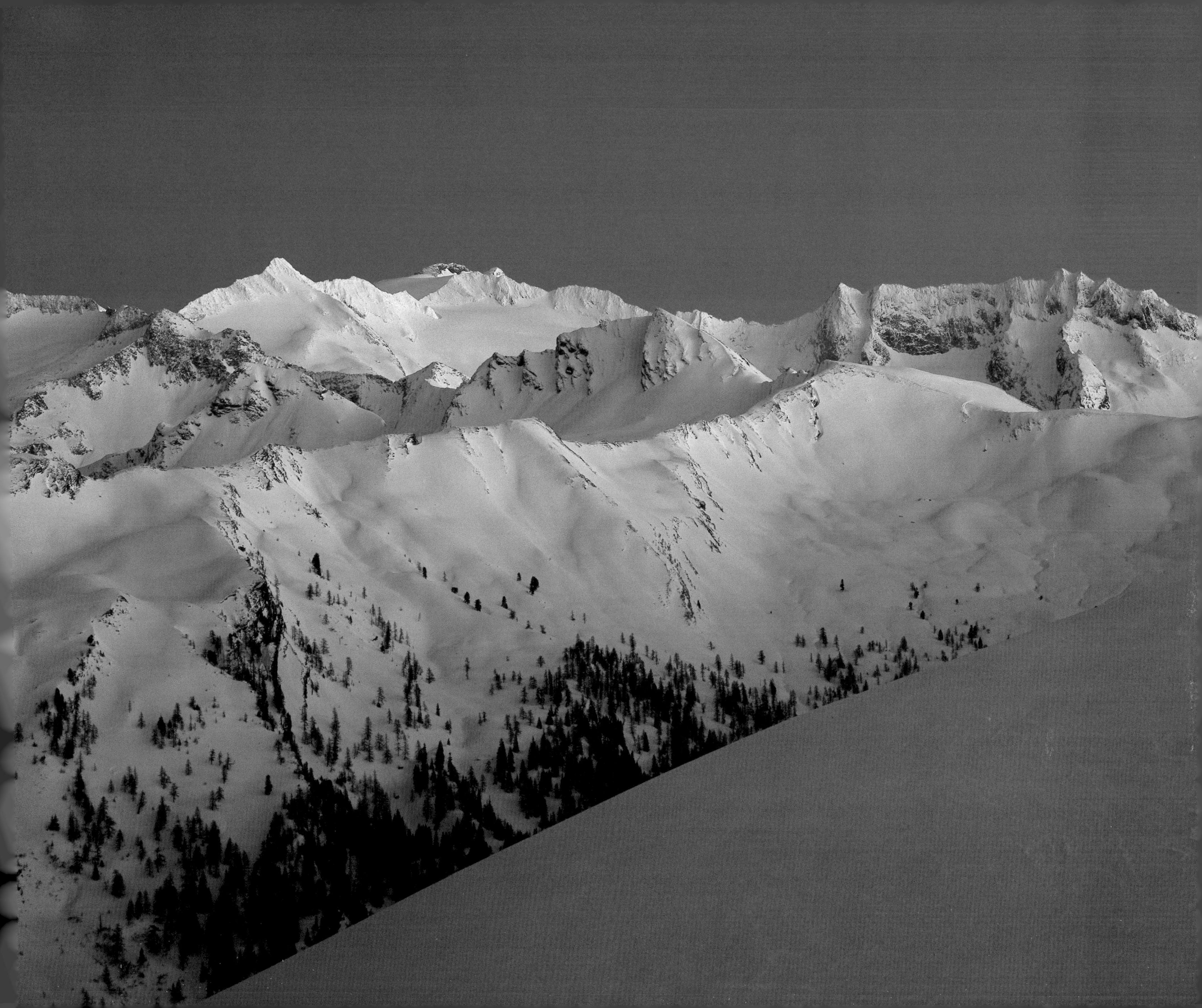

Winterstimmungen, die das Herz erwärmen.

In den Tälern ist es Nacht geworden, während ich noch in der Abendsonne stehe und die Stimmung genieße.

Die kalten Temperaturen formen fantastische Eisfiguren an den Bergbächen.

Filigrane Eisgebilde im Ellmaubach.

Das Mondlicht, gemischt mit der künstlichen Beleuchtung, ergibt eine eigenartige Stimmung über Großarl und dem Ellmautal.

Hüttschlag – eine bezaubernde Stimmung im Licht der „Blauen Stunde".

*Komfortable Aufstiegshilfen und bestens präparierte Pisten in einer großartigen Landschaft
bieten dem Wintersportler ein uneingeschränktes Vergnügen.*

Von der Laireiteralm aus senkt sich der Blick auf Großarl, wo allmählich die ersten Lichter angehen.

In der Zeit um „Dreikönig" sind die „Sternsinger" im Tal unterwegs und verkünden die Frohe Botschaft.
Der Erlös der Dreikönigsaktion wird für einen guten Zweck verwendet.

Seit ein paar Jahren wird im Großarltal zu Mariä Lichtmess mit der „Schlenkerfahrt", dem Umziehen der Dienstboten mitsamt ihrer ganzen Habe von einem Bauern zum anderen, gedacht.

Der Schuhflicker über der Aualm ist eine durchaus lohnende Schitour.

In den Tälern wird es Nacht. In Großarl und Hüttschlag gehen die ersten Lichter an. ▷

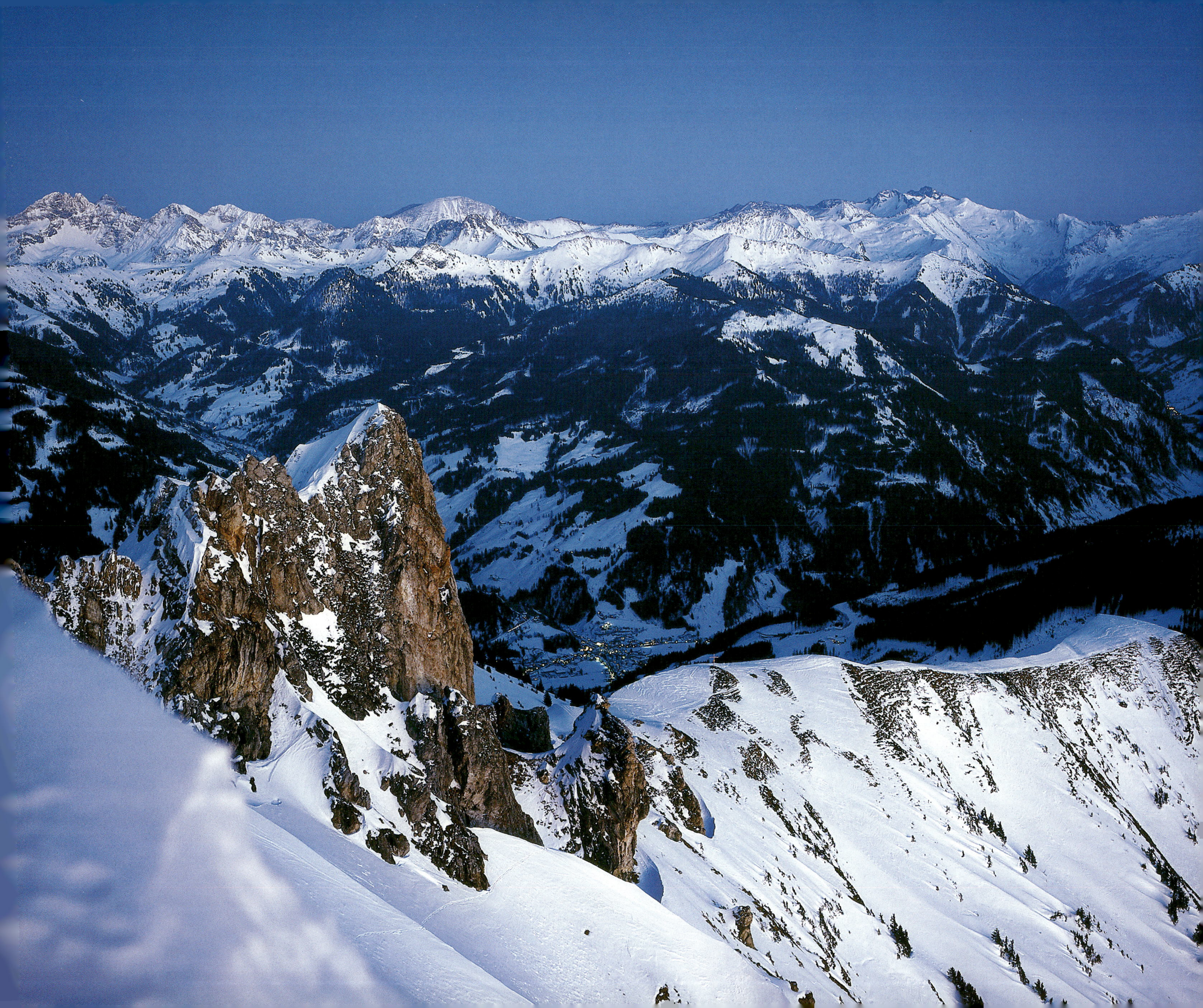

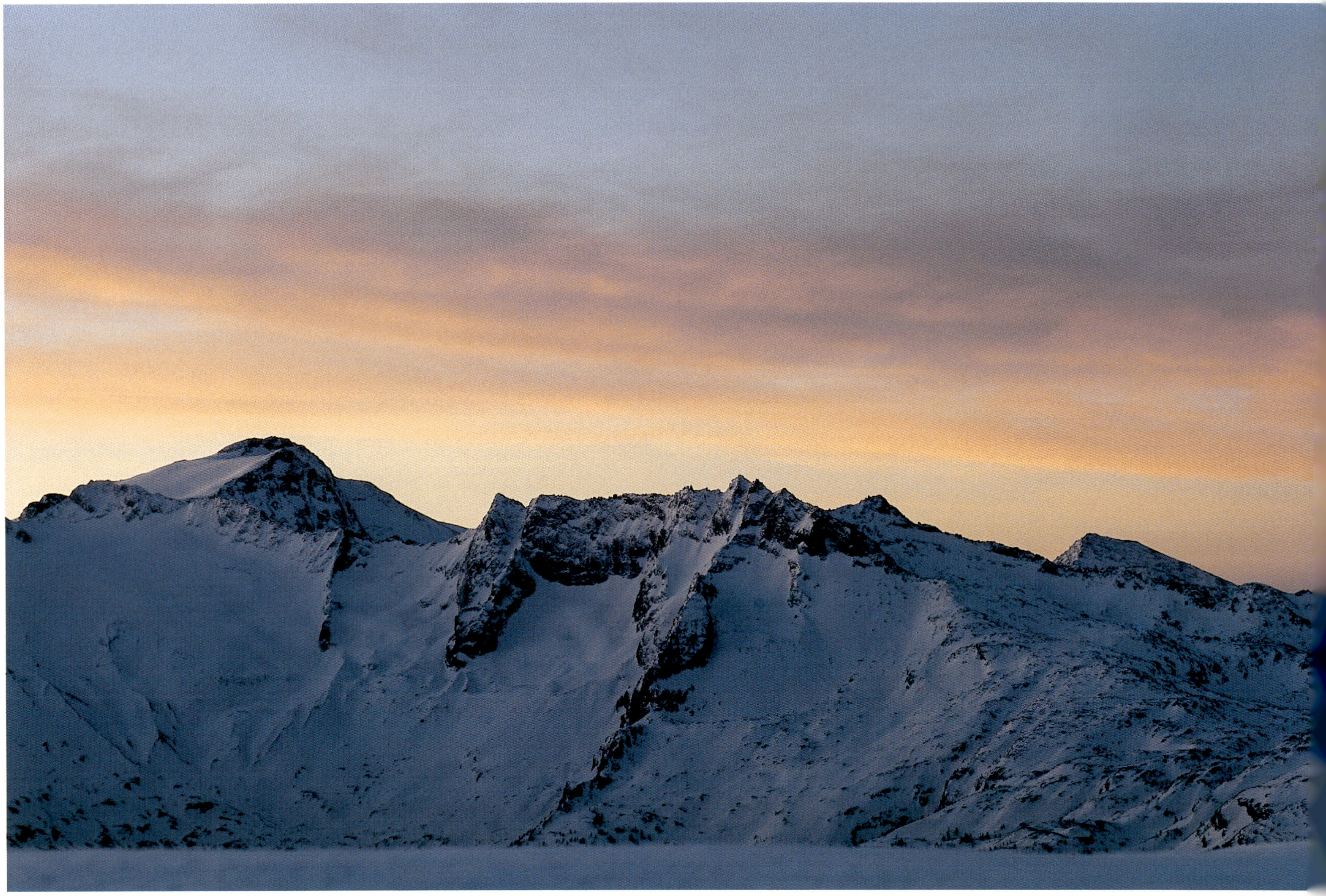

Vom Gamskarkogel aus hat man die Gipfelreihe vom An- und Hölltorkogel bis zur Gamskarlspitze vor den Augen.

*Zum Fotografieren bin ich aufgrund der ungewöhnlichen Zeiten oft alleine unterwegs,
aber in der Regel freue ich mich über eine nette Begleitung.*

*Nach einer ausgedehnten Schitour von Hüttschlag zum Weißeck und zurück genieße
ich mit meinen Freunden eine stille Abendstunde auf der Glingspitze.*

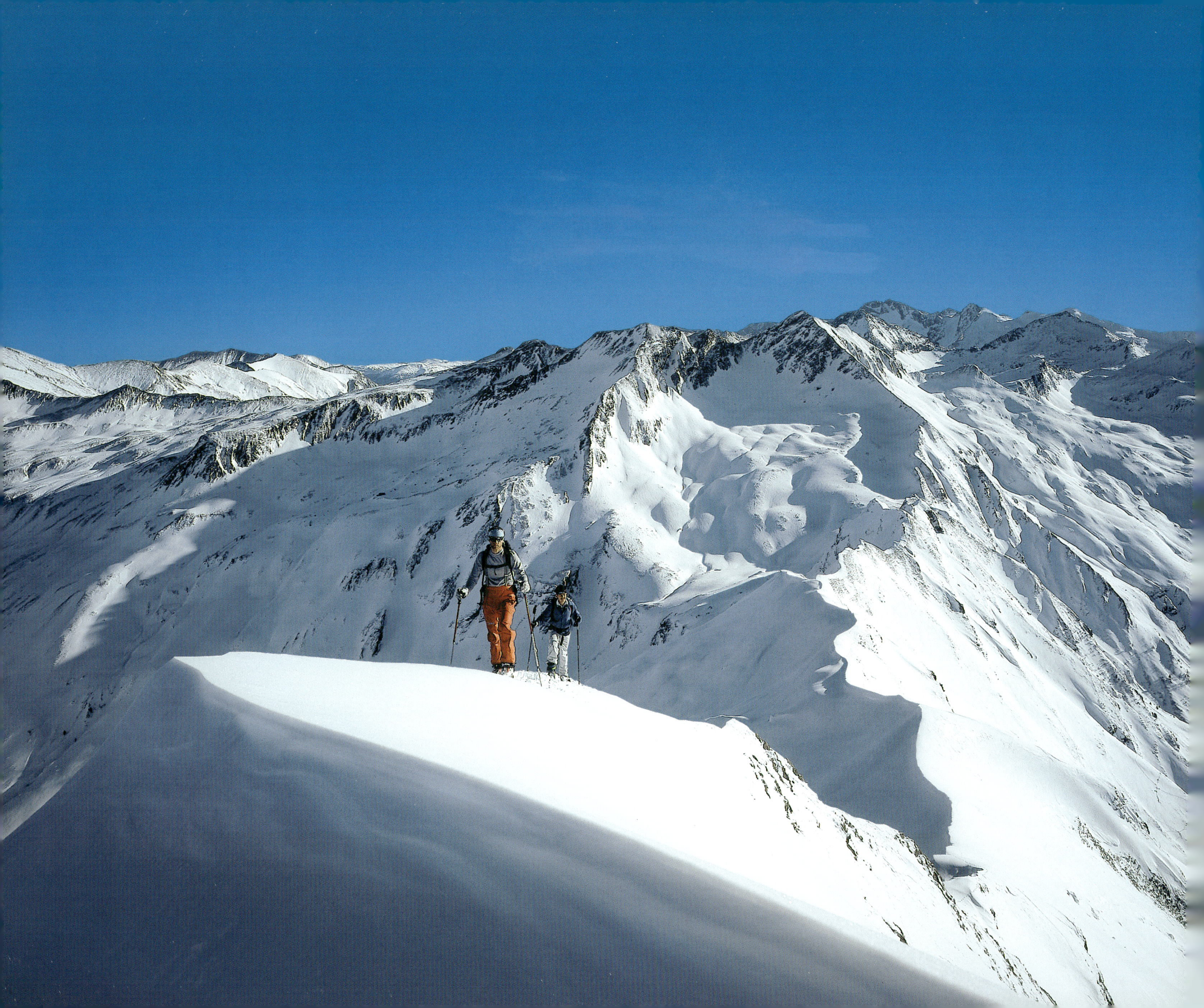

Eine stille Abendstunde auf dem Kreuzeck. Der Blick schweift über die Glingspitze zur Hochalmspitze.

◁ Schiaufstieg auf die Glingspitze. Die Nachmittagssonne betont den geschwungenen Gratverlauf am Nebelkareck.

Das bleiche Licht des Vollmondes löst die schönen Formen des Frauenkogels aus dem Nachtdunkel.

Bezaubernde Abendstimmung über dem Schuhflicker.

Tourengeher ziehen eine einsame Spur in den Schnee.

Auf dem Gipfel des Penkkopfs ist es klirrend kalt. Aus dem Salzachtal blinken die Lichter von St. Veit herauf.

Der Behang der Fichten auf dem Gernkogel leuchtet im Streiflicht der Morgensonne.

Vom Gernkogel aus beobachte ich, wie es im Salzachtal allmählich lebendig wird. ▷

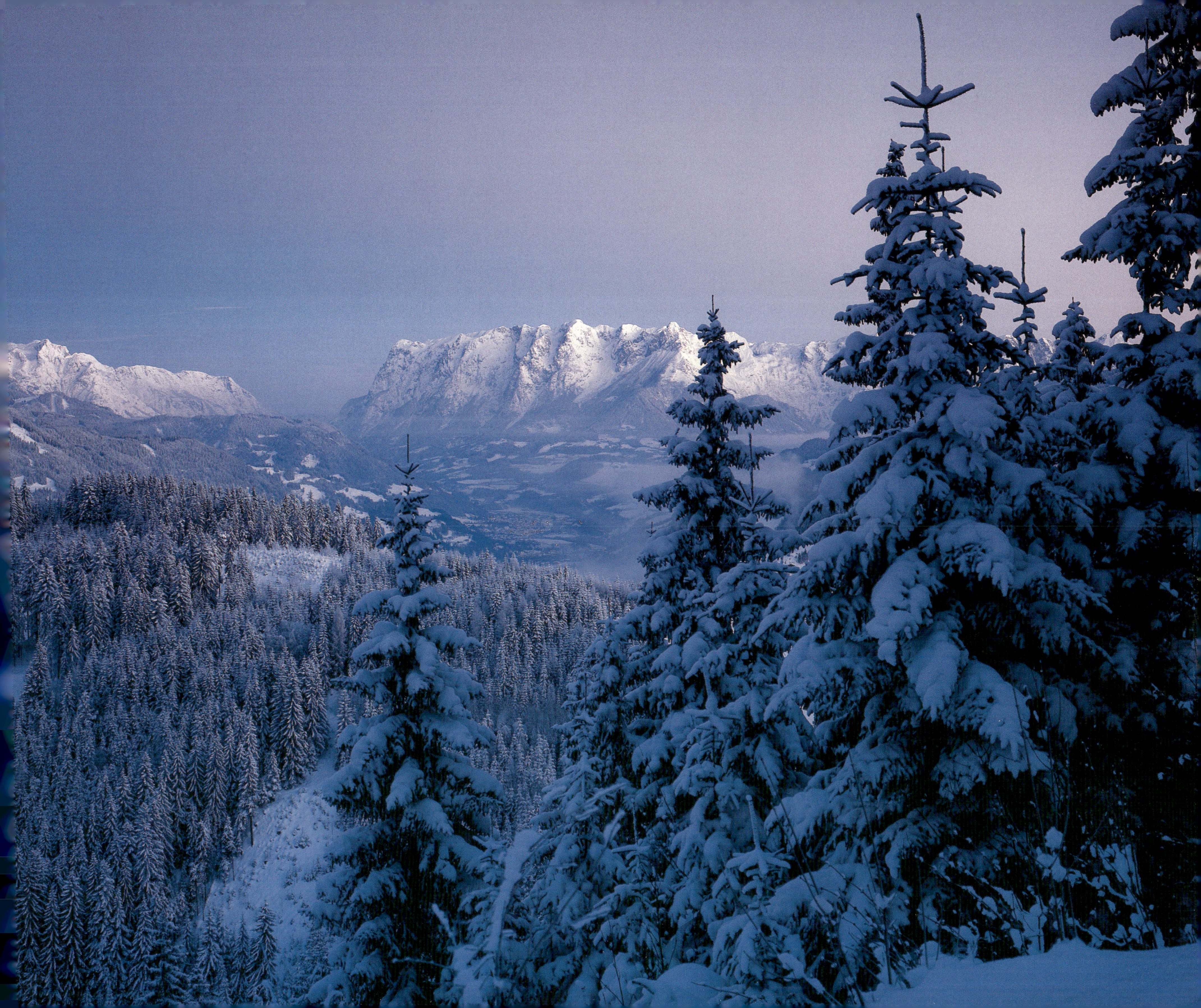

Unterwegs in der neuen Heimat

von Wunibald Lexer

Ich ziehe den Autoschlüssel ab. Das Brummen des Dieselmotors verstummt. Für Elisabeth und mich beginnt soeben ein neuer Lebensabschnitt. Nach allzu vielen Jahren in der Großstadt haben wir uns ein neues Zuhause gesucht und hoffen, es hier in St. Johann am Ausgang des Großarltales gefunden zu haben. Ich springe vom Lkw, der unser ganzes Hab und Gut enthält. Es ist Ende März und schon fast dunkel.

Einer der Helfer, die Elisabeth angeheuert hat, um uns beim Ausladen der Möbel zu helfen, streckt mir seine Hand entgegen: „Griaß di, i bin da Peter!"

Ich bin zu sehr in meine Gedanken vertieft, um mein Gegenüber richtig wahrzunehmen. Zu viele Fragen beschäftigen mich. Wie wird es wohl sein, hier in unserer neuen Heimat? War es vielleicht ein Fehler, hierher zu ziehen? Elisabeth hat immerhin einen nahezu perfekten Arbeitsplatz aufgegeben, um den Bergen ein bisschen näher zu sein. Neuer Job, neue Umgebung und vor allem neue Nachbarn. Wir haben in Wien unsere besten Freunde zurückgelassen, und ich frage mich, ob wir hier wohl Ähnliches finden werden.

Mittlerweile ist es Anfang Jänner und der schönste Schitourenwinter seit langer Zeit. Gestern hat mich Peter eingeladen, zu einer „besonderen" Tour, wie er meinte. Ich habe natürlich zugesagt und deshalb stapfe ich jetzt durch die stockfinstere Nacht. Ekkehard spielt freiwillig den Packesel. Beladen mit zwei Fotostativen, rennt er auf seinen Tourenschiern vorne weg. Neben ihm zieht Peter seine Spur durch den Schnee, wie ich, beladen mit einem riesigen Fotorucksack. Ich keuche hinterher.

Aber obwohl ich mir den Schlaf noch nicht vollends aus den Augen gewischt habe und obwohl der Rucksack meine Schultern kräftig nach unten drückt, möchte ich im Augenblick mit niemandem tauschen.

Seit dem „Griaß di, i bin da Peter!" sind neun Monate vergangen. Neun Monate, in denen Elisabeth und ich unglaublich oft im Großarltal beziehungsweise auf den umliegenden Bergen unterwegs waren.

Im Sommer zu Fuß, der Landschaft wegen und manchmal wohl der „guatn Jaus'n" wegen, die uns auf den zahlreichen Almen aufgetischt wird.

Im Winter natürlich mit den Schiern. Manchmal alleine, meistens aber in Begleitung von Peter und Christl oder anderen Freunden, die uns mit Bedacht und wohl auch mit etwas Stolz zu den schönsten Plätzen ihrer Heimat führen. Auch wenn Peter diesmal von einer „besonderen" Schitour spricht, für mich ist es eine von vielen. Denn eigentlich war bisher jede unserer Touren etwas Besonderes. Das eine Mal beeindruckte uns die tief verschneite Landschaft, das andere Mal die berauschende Abfahrt ins Tal. Oft reichte uns auch nur das Gefühl, „etwas getan zu haben". Was für mich aber vor allem die letzten Monate zum Besonderen werden ließ, das war nicht der

Tagesbeginn auf dem „Glaserer".

perfekte Pulverschnee, es war vielmehr die Art und Weise, wie man uns hier aufgenommen hat und die Tatsache, dass sich deshalb auch bei uns, den „Zuagroastn", schon bald ein wenig das Gefühl von Heimat einstellte. Wir fühlen uns wirklich wohl hier im Pongau und ganz besonders im Großarltal.

Die Waldgrenze liegt schon weit unter uns, als ein zarter Lichtsaum am Horizont den neuen Tag ankündigt. Für mich gehört es zu den schönsten Erlebnissen, den werdenden Morgen auf diese Weise zu erleben. Der letzte Anstieg zum Gipfel ist steil und eisig. Meine Felle greifen nicht mehr richtig. Sie sind schon alt und gehören erneuert. Ich steige aus der Bindung, probiere es ohne Schier, aber mit den Schuhen finde ich noch weniger Halt am Eis. Also schnalle ich mir mühsam, auf einem Bein balancierend, meine Bretter wieder unter die Füße und mache vorsichtig die letzten Schritte zum Gipfel. Es bleibt genügend Zeit, um trockene Wäsche und vor allem die Daunenweste überzuziehen. Anschließend wird noch das Stativ aufgebaut und die Kamera montiert. Dann beginnt langsam das Schauspiel, für das wir den weiten Weg auf uns genommen haben. Der Morgen taucht die Berggipfel in rötlich warmes Licht. Es ist schon öfter vorgekommen, dass ich in solchen Momenten auf meine Kamera vergessen und keine Bilder mit nach Hause genommen habe. Manchmal möchte ich diese Augenblicke einfach nur genießen.

Nach einer Weile schwingen wir in staubendem Pulverschnee zu Tal. Während einer kurzen Rast schauen wir zurück auf die von unseren Spuren gezeichneten, sanft gewellten Hänge. Dabei kommt mir ein Gespräch in den Sinn, das ich vor kurzer Zeit mit Elisabeth geführt habe. Ich habe sie gefragt, wie es ist, das Leben, hier in unserer neuen Heimat. Die Antwort kam prompt: „Es ist wie Urlaub bei Freunden!"

Dramatische Morgenstimmung über dem Weinschnabel, Petereck und Großen Hafner.

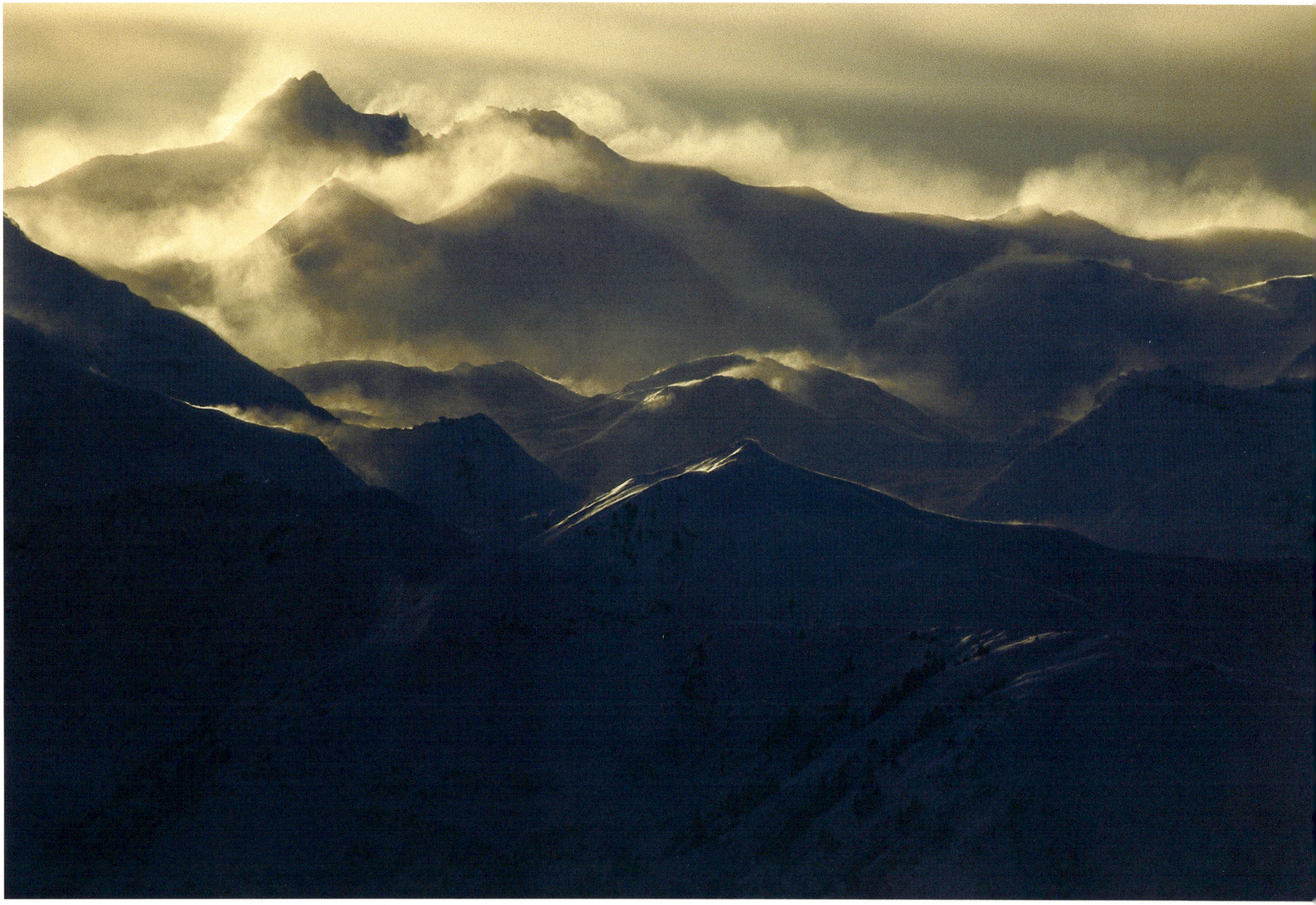

Ein flacher Sonnenstand betont die Sturmstimmung über den Hohen Tauern.

Der Keeskogel ist unbestritten der Paradeschiberg des Großarltales. Mit 1800 Metern Höhenunterschied ist er allerdings nur konditionsstarken Naturen vorbehalten.

Der Aufstieg über die sanft gewellten Hänge des „Pitzach" zum Gipfel des Glaserers ist ein besonderer Genuss.

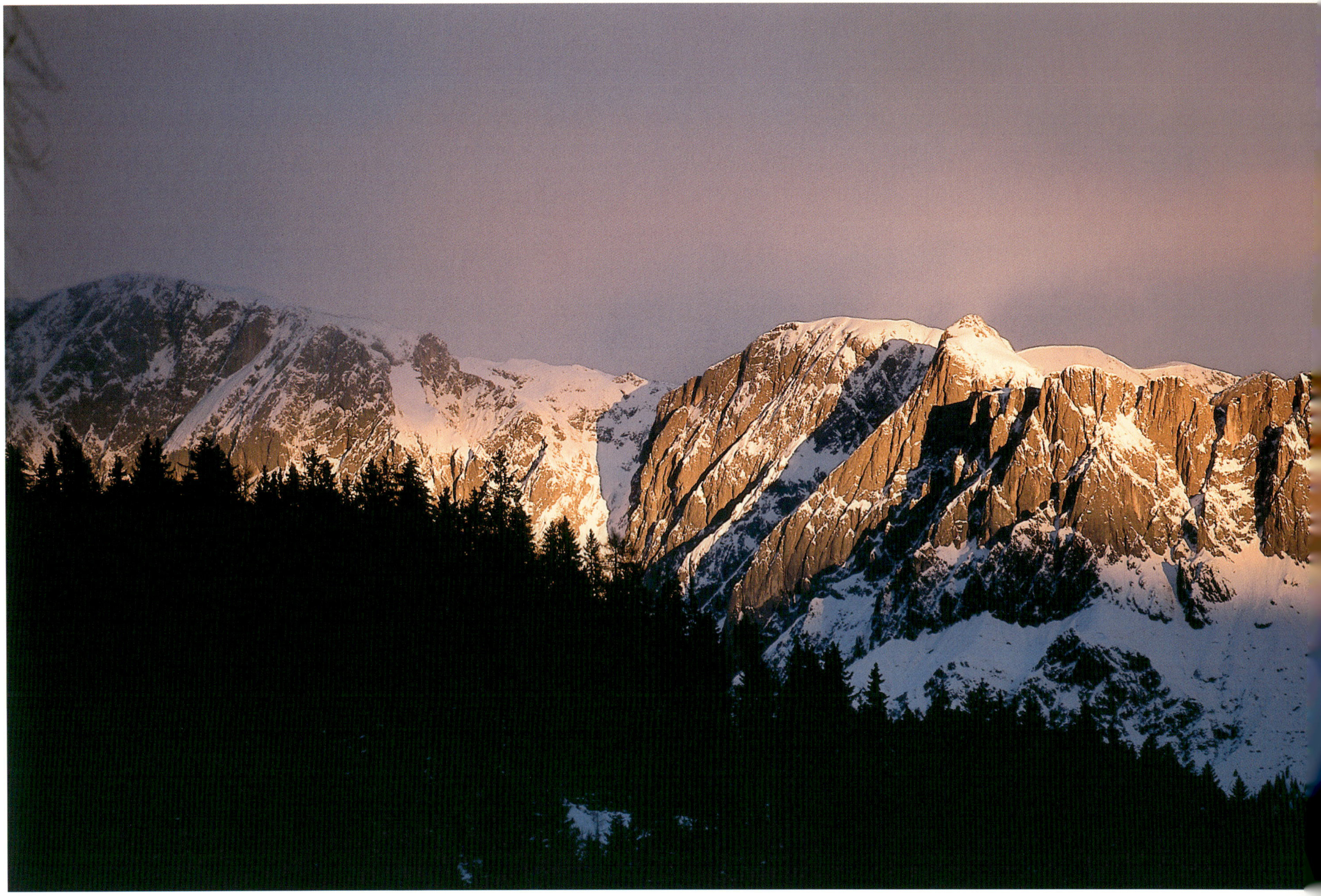

Fantastisches Morgenlicht säumt die schroffen Felserhebungen der Mandlwände.

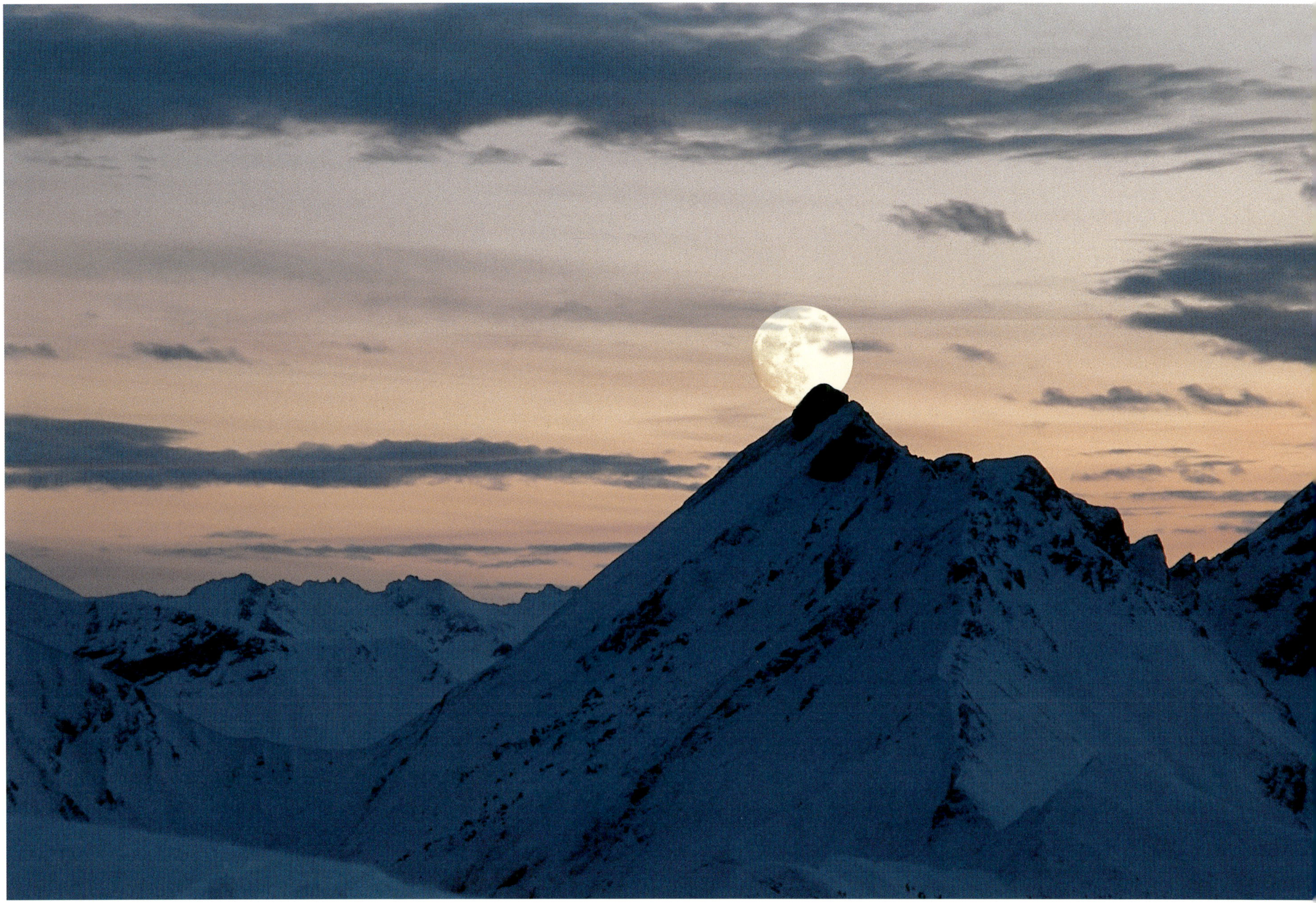

Der Vollmond steht über dem Gipfel des Frauenkogels.

MITAUTOREN:

Gerhard Praschl wurde 1958 in Rohr im Gebirge in Niederösterreich geboren. Nach einem Umzug der Familie nach St. Johann im Pongau besuchte er das dortige Gymnasium. Nach Abschluss der Pädagogischen Akademie unterrichtete Gerhard Praschl seit 1979 an der Hauptschule Großarl. Seine Hobbys sind Bergsteigen, Fotografieren und Malen.

Siegfried Pabinger wurde 1975 in Großarl geboren. Nach dem Besuch der Volks- und Hauptschule wechselte er in das Gymnasium in St. Johann i. Pg. Der begeisterte Bergsteiger, Tourengeher und Fotograf steht seit 1998 im Lehrerberuf und ist seit Anfang 1999 der Hauptschule Großarl zugeteilt.

Michael Viehhauser wurde 1962 geboren und wuchs in seiner Heimatgemeinde in Hüttschlag auf. Nach dem Besuch der Volks- und Hauptschule machte er eine Lehre als Fotograf. Diesen Beruf übte er bis 1984 aus, um sich in weiterer Folge als Versicherungskaufmann zu betätigen. Seine Leidenschaft ist die Jagd. Er pirscht auch gerne mit der Kamera durch die Naturlandschaften seiner Heimat.

Alois Dürlinger wurde 1958 in Piesendorf geboren. Nach der Matura, die Alois 1979 an der HBLA für Landwirtschaft in Ursprung bei Elixhausen ablegte, begann er mit einem Theologiestudium, das ihn nach Salzburg, Rom und Innsbruck führte. 1988 wurde der Naturliebhaber, Pferdezüchter und begeisterte Jäger zum Priester geweiht. Seit 1992 lebt er als Pfarrer von Großarl und Hüttschlag im Tal.

Wunibald Lexer wurde 1958 in Klagenfurt geboren. Nach einem Veterinärmedizin-Studium in Wien arbeitete er elf Jahre lang an der Universität in Wien, um in weiterer Folge als Sportartikelberater sein Brot zu verdienen. Seit März 1999 lebt der Naturliebhaber, Fotograf und Cartoonist in St. Johann i. Pg.

Führer und Karten:

Almbroschüre „Die Almen im Großarltal" vom Tourismusverband Großarltal
A-5611 Großarl, 1/A, Telefon 00 43/6414/218, Fax: 8193
Wanderbuch „Das Großarltal im Salzburger Land" – Herausgeber Tourismusverband Großarltal
Alpenvereinsführer „Ankogel- und Goldberggruppe" von Liselotte Buchenauer, herausgegeben im Verlag Rudolf Rother, München
Alpenvereinsführer „Niedere Tauern" von Peter Holl, herausgegeben im Verlag Rudolf Rother, München
Schitourenführer „Der Salzburger Skitourist" von Clemens M. Hutter
Kompass Wanderkarte „Großarltal – Kleinarltal" – 1:50.000
Freytag & Berndt Wanderkarte „Gasteiner Tal, Wagrain – Großarltal" – 1:50.000
Österreich-Karte Nr. 125 „Bischofshofen" – 1:25.000 vom österr. Eich- und Vermessungswesen
Österreich-Karte Nr. 155 „Bad Hofgastein" – 1:25.000 vom österr. Eich- und Vermessungswesen
Österreich-Karte Nr. 156 „Muhr" – 1:25.000 vom österr. Eich- und Vermessungswesen

Hochalmspitze, 3362 m

Hafner, 3087 m

Keeskogel, 2884 m

Tappenkarsee 1820 m

Nationalpark Hohe Tauern

HÜTTSCHLA